ÉCRITS D'ANGLETERRE

ALBERT COHEN

ÉCRITS D'ANGLETERRE

Préface
de
Daniel JACOBY

*Président d'Honneur de la Fédération Internationale
des Ligues des Droits de l'Homme*

Les Belles Lettres

2002

Première édition 1984
© F.I.D.H. pour le texte *Churchill d'Angleterre*.

*Tous droits de traduction, de reproduction
et d'adaptation
réservés pour tous les pays.*

© 2002, *Société d'édition Les Belles Lettres,
95 bd Raspail 75006 Paris
www.lesbelleslettres.com*

ISBN : 2-251-441221

PRÉFACE

Albert Cohen est resté toute sa vie fidèle à l'enfant de dix ans qui, à Marseille, rencontra pour la première fois la haine antisémite en la personne d'un « blond camelot aux fines moustaches ». Si soixante-sept ans plus tard, il tint à raconter cette épisode de son enfance, c'est, explique-t-il dans *Ô vous, frères humains* « pour tenir sa promesse à l'enfant de dix ans » et parce que, toujours naïf et toujours militant, Albert Cohen espère : « si ce livre pouvait changer un seul haïsseur mon frère en la mort, je n'aurais pas écrit en vain, n'est-ce pas ? ».

Ce combat ne sera pas mené uniquement en littérature, mais dans la vie, dans les actes d'une vie marquée par le courage et la détermination à tous les moments critiques.

Guetté par la littérature, le monde, la modernité, bref, la facilité, le jeune Albert Cohen choisit délibérément, dès 1925, d'être un « intellectuel engagé », appellation qu'il aurait sans doute récusée. Il déclare, dans le premier numéro de *La Revue Juive* revue internationale, ses choix militants pour le sionisme, mais aussi pour la défense de l'universalisme juif :

« Le monde, né de la guerre, veut vivre. Enfant géant, il va, titubant, avec des incohérences, des erreurs, vers les routes de la vie. Contemplatifs au sein de la réalité, nous essaierons de dégager la signification profonde des tumultes et des grands malaises, annonciateurs peut être d'une neuve santé, d'un nouvel ordre humain... Nous n'oublierons pas dans ces pages notre destinée, de voyageurs cri Humanité ».

« Voyageur en Humanité », ce destin, voulu en 1925, Albert Cohen l'assumera toute sa vie d'homme et d'écrivain. En 1939, l'auteur de *Paroles juives,* de *Solal*, d'*Ezechiel*, et de *Mangeclous*, est devenu le représentant personnel du Docteur Weizmann[1] à Paris, et a été nommé en même temps Conseiller au Département politique de l'Agence Juive pour la Palestine.

À ce titre, il a été détaché à Paris, en qualité de chargé de mission auprès du gouvernement français. Il rejoint Londres dès juin 1940. Chargé par l'Agence Juive d'une mission de liaison et de représentation auprès de divers gouvernements en

---

1. Chaïm Weizmann, Président de l'Agence Juive pour la Palestine, devint en 1948 le premier Président de la République d'Israël.

exil, dont celui de la France Libre, il rencontre le Général de Gaulle le 9 Août 1940. Il l'assurera de la volonté des organismes juifs qu'il représente de collaborer avec la France Libre. Dès ce moment, Albert Cohen agira sur deux fronts : la défense des juifs des pays d'Europe occupés par les nazis, et la contribution des juifs de Palestine à l'effort commun de libération. Il faut en effet à la fois alerter l'opinion publique des pays libres sur la tragédie des juifs européens, qu'il pressent, et démontrer la volonté et la capacité de se battre des juifs de Palestine. C'est pendant cette période d'activité intense qu'Albert Cohen écrira les pages superbes d'*Angleterre* et de *Churchill d'Angleterre*.

Albert Cohen restera à Londres jusqu'en juillet 1947. Il est en effet devenu, en septembre 1944, conseiller juridique du Comité Intergouvernemental pour les Réfugiés, dont le siège est dans cette ville.

C'est en cette qualité qu'il va mettre au point le document et le texte international permettant la délivrance aux Réfugiés d'un titre de voyage[1].

C'est l'œuvre dont Albert Cohen m'avait dit qu'il était finalement le plus fier. Elle a en effet permis à des milliers d'exilés et de déracinés de

---

1. Accord du 15 octobre 1946, repris dans l'article 28 de la Convention Internationale du 28 juillet 1951, relative au statut des réfugiés et dans l'annexe à celle-ci.

circuler librement, et parfois de retrouver des parents survivants. Elle leur a donné espoir et dignité.

Devenu en juillet 1947, Directeur de la Division de Protection de l'Organisation Internationale pour les Réfugiés (O.I.R.) dont le siège est à Genève, Albert Cohen poursuivra sans relâche sa tâche en faveur des réfugiés et des apatrides. Car, dira-t-il, dans le rapport présenté en 1949 à une conférence de l'O.I.R. « s'il est un être humain qui a besoin de protection, c'est bien le réfugié ». Et Albert Cohen précisera à ce sujet : « Il (le réfugié) vit dans des conditions matérielles et morales particulièrement difficiles. Il a le plus souvent perdu ses biens matériels. Il est démuni de ressources et ne peut avoir recours aux diverses formes d'assistance qu'un État dispense à ses ressortissants. Il a personnellement connu dans le passé des périodes douloureuses. Il a été fréquemment frappé dans ses affections familiales. Il est parfois en butte à la suspicion ou au mépris qui s'attachent facilement aux étrangers démunis de protection ».

C'est parce qu'il a été toute sa vie à l'écoute du monde qu'Albert Cohen a pu, dans des pages magistrales de *Ô vous frères humains* et de *Carnets* 1978, décrire le cheminement de la barbarie et le seul moyen de la combattre : le respect de la Loi, de Cette « Sainte Loi d'Anti-Nature ». La barbarie est exaltante et enivrante. C'est cette

« jeune voix ferme qui sort des forêts de nocturne épouvante, silencieuses et craquantes forêts... qui glorifie la guerre et sa seigneurie, les corps nus et bronzés au soleil, les muscles, qui sont souples serpents entrelacés dans le dos de l'athlète, la beauté et la jeunesse qui sont force, la force qui est pouvoir d'abattre et de tuer » qui « se rit de la justice, se rit de la pitié, se rit de la liberté », et qui chante « l'oppression de nature, l'inégalité de nature, la haine de nature, la tuerie de nature »[1].

À cette voix, seule peut s'opposer la Loi, la Loi d'Anti-Nature, la vieille loi de Moïse et de ses dix commandements, celle qui a transformé le primate « sur ses deux jambes velues et encore torses » en homme.

Dans *Churchill d'Angleterre*, écrit trente cinq ans plus tôt, c'est par l'éloge du peuple anglais pendant le Blitz, et de celui qui en incarne les vertus : Churchill, « vieux comme un prophète, jeune comme un génie et grave comme un enfant », qu'Albert Cohen fait la même démonstration. Si les Anglais ont pu résister, c'est parce que Churchill, leur prophète, a réussi à leur faire voir leur âme, l'âme d'Angleterre : les Anglais sont « combattants de l'homme, cette créature nouvelle apparue sur terre depuis quelques siècles et par la grâce des Dix Commandements ».

1. Carnets 1978, pages 137 et 138.

La vertu de leur démocratie peut et a pu, à elle seule, venir à bout de « l'adoratrice des méchantes lois de nature, la bête allemande en sa forêt ».

Et tout ce poème lyrique, cette Grande Ode en dix-neuf chants en l'honneur de Churchill, se gonfle et se transforme en un véritable cantique glorifiant et magnifiant la démocratie et les Droits de l'homme, ces lois d'anti-nature, tordues et d'apparence ridicules, mais seuls remparts contre la barbarie et seules espérances pour demain.

Angleterre, paru dans le numéro du 20 juin 1941 de la *France Libre*, la revue des Français Libres à Londres, sous la signature d'Albert Cohen, est d'une tonalité différente.

C'est tout d'abord l'adieu à la France le 10 juin à 6 heures du soir, lorsque devant l'embouchure de la Gironde, s'éloigne des rivages français un bateau rempli d'émigrants vers l'Angleterre, parmi lesquels Albert Cohen.

La première partie de ce texte est consacrée à la France des années 30 et 40, cette France décrite avec une verve et un humour extraordinaire, et c'est rempli de nostalgie pour ce pays qu'il adore et qu'il décrit si bien, que part pour l'Angleterre, autant dire l'inconnu, l'émigrant Albert Cohen.

Dans la seconde partie, c'est une description admirable de l'attitude du peuple anglais pendant le Blitz. Seule contre tous l'Angleterre va résister à la bête immonde, et le peuple anglais, avec un indomptable optimisme et une foi absolue dans sa démocratie va tenir car, malgré tous les désastres, « on vaincra ».

Angleterre, comme *Churchill*, est un véritable poème lyrique rendant hommage au peuple anglais.

Soixante ans plus tard, ces pages brûlantes, écrites au cœur de l'événement, restent d'une singulière actualité. La barbarie n'a toujours pas disparu. Elle gagne même du terrain en de nombreux endroits de la planète.

Face à des régimes fondés sur la Loi de Nature, c'est à dire le droit du plus fort, la seule riposte reste la force morale de la démocratie, « le moins mauvais des régimes », selon Churchill.

Cette force morale, qui a vaincu le nazisme hier, peut aujourd'hui venir à bout d'idéologies politiques fondés sur la violence et l'intolérance.

Il faut, comme Albert Cohen, aux pires moments de la guerre, espérer, car « on vaincra » et dire aux enchaînés du monde : « Dites avec nous Hosannah. Demain vos liens tomberont et le jour de bonté luira ».

ANGLETERRE

Devant l'embouchure de la Gironde, le dix-huit juin à six heures du soir, le bateau trembla, gémit sa vapeur, et ses pulsations firent mal au cœur de l'homme quittant le pays de l'enfance, du lycée, des amitiés et des amours. Le bruit de l'ancre remontée était funéraire et l'homme qui prenait congé de son enfance pensa aux hommes noirs qui viennent chercher le cercueil. Les chaînes de l'ancre faisaient un bruit de mort et la sirène du bateau pleurait sur le mal de celui qui abandonnait la tendre aimée rieuse aux yeux clairs, aux lèvres de sinueuse ironie, la sensible, la lucide, la reine des nations.

Tandis que, sur le pont surpeuplé, une boîte sonore faisait entendre la radio des nouveaux maîtres de la France, faisait entendre les notes mortellement lasses d'une nouvelle Marseillaise, d'une Marseillaise honteuse et blessée, exsangue, découragée, si timide, l'homme qui abandonnait le pays de l'âme, accoudé au bastingage comme

en un roman ou en un film, regardait, les yeux
morts. Il ne regardait pas vers l'avant et la
nouvelle vie. Il regardait, le front moite et les
lèvres sèches, vers la côte girondine qui
s'éloignait et où il voyait un carrousel fou et des
tourbillons de cauchemar, où il voyait tourner,
vertigineusement immobiles, des cathédrales, des
boîtes à bouquins sur des quais parisiens, des arcs
de triomphe et des grands livres de raison et tous
les poèmes d'un peuple assassiné. Sur la côte
bordelaise il voyait Montaigne attristé mais aussi,
sur cette même côte, dans un bric-à-brac
cinématographique de rêve angoissé, le grand
Meaulnes allant son rêve dans une lande ; les
taxis prestes et précis de Paris, auréolés
d'engueulades, de hargnes et de rigolades ; des
annonces de métros ; des bureaux de poste où
d'affectueuses harpies agitaient frivolement des
ciseaux et des pots de colle ; des veuves vineuses
en longs voiles noirs ; des loges de concierges
parisiennes, peuplées de canaris, de chats et de
poupées en étoffe que l'odeur de renfermé et de
choux ravissait ; des douaniers adorablement mal
fichus fumant le meilleur et le plus sale tabac du
monde ; les rues nocturnes des Halles, jonchées
de légumes pourris, où les puanteurs se mêlaient
aux senteurs délicieusement dégoûtantes des lilas
et des frites ; les fenêtres ouvertes des rues des
Halles gueulant leur radio dans la nuit lourde

d'été ; Proust ganté de blanc, écrivant dans son lit
et gémissant, dans la fumée des poudres anti-
asthmatiques, qu'il était très malade et que
demain il allait mourir ruiné ; les ombres
discrètes de la Madeleine sur le trottoir luisant de
graisse, chuchotantes butineuses ; les cirques et
les foires de l'enfance et tous les professeurs ;
tous les visages et tous les sourires d'un pays
aimé ; des paysans lents et honnêtes de Savoie ;
des rues eczémateuses de Montparnasse où
filaient des chats miteux ; un virevoltant Cocteau,
maigre diable ahuri sans cesse surgi d'une boîte,
aimable bavard aux ingéniosités en fil de fer et à
la tignasse hottentote ; des Marseillaises ailées et
armées, enthousiastes messagères criant aux
hommes la grande nouvelle des libertés ; des arcs
et des triomphes disparus ; Valmy et Jemmapes et
les joyeuses victoires en sabots de la Grande
Révolution ; la Déclaration des Droits de
l'Homme déchirée et souillée par de minuscules
notaires en jaquette, ravis dans leurs barbichettes,
ravis de ne plus voir de poings levés et qui,
grassouillets, faisaient de niais saluts romains et
crachotaient sur la République assassinée ; Racine
et Molière et les zincs puants où des Parisiens, le
mégot éteint aux doigts et les pieds sur la sciure,
trempaient des croissants mous et gras dans le
café au lait de l'aube sale et jeune ; cent mille
villages endormis dans l'herbe française, cent

mille aux yeux clignotants sous le ciel fleuri
d'étoiles internationales ; la place Vendôme qui
est harmonie et raison ; la rue Dupin, grâce et
familiarité, où se promenait une concierge
bavarde et géniale qui était peut-être Max Jacob.
Tout cela, tout cela et bien d'autres choses encore
sur la côte disparue. La gorge en bois et le dos
moite, il voyait ses tendresses et sa foi, il voyait
disparaître sa vie passée. Il allait à l'étranger et il
n'aimait l'Angleterre que d'un amour voulu.

Et ce fut pire lorsque l'homme débarqua à
Falmouth, derrière un grand financier israélite,
redevenu émigrant comme ses pères, mais pas
encore assez habitué au malheur pour craindre
d'attirer l'attention, les épaules bizarrement
couvertes d'un manteau féminin d'opossum et la
calvitie protégée par un inutile filet féminin.
L'homme qui avait quitté son enfance voulait
retourner en France, regardait avec angoisse, la
respiration difficile, ce paysage cafardeux et trop
gros, avec méfiance cette mer lugubre et
étrangère, ce ciel bas, ce crépuscule éclatant de
cauchemar et ces villas vides, énormes naines
maussades aux yeux clos, assises et mortes sur
des collines basses. Tout était monstrueux à
l'homme qui avait quitté la France. Ce nouveau
pays, où personne ne l'aimait, où tout le monde, à
son illogique et absurde étonnement, parlait
anglais, anglais comme tous les gens bien habillés

qui vivent dans les hôtels chers de France, où même les gens pauvres parlaient anglais tout naturellement et sans peine, non, ce pays n'était pas le pays de son âme.

Oh retourner à Paris, mon Paris, Paris affectueux, fringant, désordonné et facile ; mon Paris intelligent ; mes terrasses cordiales des cafés ; mes restaurants où tous sourient, se tiennent mal à table, font trop de gestes, Dieu merci, et mangent de nobles nourritures tout en parlant avec vivacité une langue claire et configurée, avec les sourdes nasales qui en sont le délicat brouillard ; Paris gris et bleu des matins ; Paris vert et rose de mai et des marronniers ; mon tranquille Paris tout feuillu d'août ; Paris des camelots ; Paris dont j'aime les rues sales plus que les belles et que cette Étoile dont se gargarisent ceux qui ne t'aiment pas ; Paris des Rois, de la Convention, de Napoléon et de la Commune ; Paris que j'aime ; mon petit Paris dont aux heures immobiles de nostalgie j'écris le nom de toutes façons comme les écoliers font du prénom de leur amoureuse aux jambes maigres – Sirap, Ripas, Asrip, Ipras ; Paris dont le nom est doux à prononcer et que je répète comme un prêtre s'étourdit du nom sacré ; Paris dont je voudrais sentir encore une fois l'odeur chaude du métro ; Paris où je serai fou, le jour du retour, d'entendre parler français en France ; mon Paris qu'ils font souffrir en ce moment ; Paris dont je me redis chaque jour les refrains des rues et des boniches, bêtes refrains qui me sont nobles et enthousiasmants comme des hymnes ; Paris où tous parlent ma langue ; oh mes rues de Paris où j'aimais ne rien faire et regarder tout, où les devantures étaient à moi, où tout était à moi et connu, galeux trottoirs sacrés où je m'amusais comme un enfant sans qu'ils s'en doutent, oh ton bleu et ton blanc et ton rouge de liberté toujours devant mes yeux et jusqu'à la dernière heure.

Je regardais Falmouth et je voulais Paris. Je regardais les Anglais et leur pays n'était pas le pays de mon âme.

*

Et ce pays, l'Angleterre, m'est aujourd'hui cher et émouvant, un des trésors que je possède, le pays dont il est bon maintenant de partager les périls et la fortune. Je le connais mal mais je crois l'aimer bien.

*

Je les regarde dans les compartiments de leur métro luxueux de Londres. (Oh mon plébéien métro de Paris ; oh chers distributeurs de mauvais chocolat Menier ; tristes balances solitaires ; odeur d'asphalte, de gaz et de sueur ; vives foules surmenées, mal nourries, spirituelles.) Je les

regarde, ces Anglais. Grâce et coquetterie des
soldats bien vêtus. Hardiesse pimpante et fine des
bonnets de police. Gaîté racée des uniformes
élégants, des petites plumes, des jupes écossaises,
des pompons verts, des insignes dorés. Je cherche
à deviner leur mystère. Patience, j'en découvrirai
des bouts plus tard. En attendant, je regarde. Les
employés avec leur petite valise, leur riflard et
leur masque à gaz – car ils sont respectueux des
ordres donnés. Le vieil encaisseur de banque en
haut de forme, pimpant, frais, rose et jeunet, avec
ses ongles bien brossés. Les prolétaires aux cols
respectables et aux bouches édentées. Les
dactylos aux dents proéminentes, en turbans verts
ou jaunes et qui fument virilement. Les officiers
sortis d'une affiche de rasoir mécanique, aux
gestes sûrs et surveillés, à la nuque nette et rouge,
rouge de viandes rouges et de douches glacées.
Les petits garçons en blazer écussonné, culottés
de flanelle courte, tout purs, sortis de la boîte à
conserve des bonnes manières. La grand-mère à
courts cheveux de sel gris qui, la main dans la
poche du pantalon masculin et la cigarette dans
l'autre main, se lève et se dirige vers la porte,
suivie d'un bouledogue soyeux et myope qui,
bien qu'anglais, ne fume pas. Les jeunes soldats
timides aux mentons fermes, à la bouche pure,
aux yeux doux, tout prêts à rougir, immenses
petits garçons convaincus, bien vêtus, bien

guêtrés, bien cirés, rafraîchissants, candides,
heureux de servir, pas embêtés par leurs énormes
paquetages pleins de thé probablement. Les
jeunes filles bien, aux doux lainages et aux beaux
cuirs, qui ont les pieds en dedans ou qui croisent
leurs jambes de haute race, avec l'assurance d'un
peuple habitué à la maîtrise et sûr du lendemain.
Tout est clair pour ces jeunes filles bien. Le
monde est tracé à la règle et elles sont perpen-
diculaires au monde. Elles fument sans arrêt, ces
Anglaises fraîches aux fraîches blouses vertes,
aux yeux vides, au calme menton net, certain de
son droit, énorme de certitude. Elles rejettent la
fumée sans cligner des yeux et sans toucher à leur
cigarette, ce qui m'agace car je ne sais pas en
faire autant – tout comme m'agace leur belle
manie de ne pas regarder, ou de regarder si peu et
si vite, ces déesses trop sociales, l'homme qu'elles
ne connaissent pas.

Bouches dignement fermées – car ce peuple se
contrôle, soucieux de décence qui est silence et
immobilité – tous et toutes lisent leur journal ou
trônent somnambuliquement dans un brouillard
de tabac et de savon antiseptique. Ce compar-
timent est un musée Grévin qu'anime seulement
un vieux Juif pessimiste (il a un paquet de poison
cousu dans la doublure de sa houppelande car il
ne veut pas être pris vivant par les Allemands) qui
pense activement ou gratte fébrilement ses

pellicules ou chantonne, tremblant d'avoir un instant de vide sans pensée – car si cette catastrophe lui arrivait, il serait obligé de voir son malheur d'aujourd'hui et celui, pire, de demain. À l'exception de ce Juif et aussi d'un hurlant bébé de trois mois qui, ignorant qu'il est anglais ou oubliant un instant qu'il est un gentleman, montre ses sentiments en glapissant continentalement, tous les autres sont immobiles et fermés. Chacun a adopté une expression, une position et la garde jusqu'à la station où il doit descendre. Personne ne regarde personne et toutes les lèvres sont closes à toute pensée. Chacun surveille sa tenue et ses sentiments conformément aux mystérieuses lois de la tribu. Et si l'un d'eux remue, tous les regards se tournent vers le pécheur.

Mais demandez un renseignement à l'un de ces mannequins de pierre et vous verrez. Il écoute d'abord votre demande avec sévérité, car un Anglais n'aime pas qu'on entre chez lui. Et sa sévérité est d'autant plus terrifiante qu'il comprend moins votre prononciation et que ses circonvolutions cérébrales doivent l'élaborer et la digérer avec lenteur et souffrance. Mais dès qu'il vous a compris, quel aimable dégel, quelle charmante timidité, quel tendre râtelier ce mannequin vous offre, quel enfantin sourire, tout humain, tout affectueux, tout fleuri dans les yeux soudain entourés de bénévoles petites rides. Et alors, celui à qui vous avez demandé le renseignement n'a de cesse que vous ayez bien compris. Avec des attentions d'infirmière parlant à un arriéré ou à un bébé nègre, il vous explique deux ou trois ou quatre fois les rues à prendre et les erreurs à éviter. S'il descend à votre station, il vous accompagne jusqu'à la rue que vous cherchez. C'est gênant car il marche silencieusement près de vous, ce pudique, ne trouvant rien à vous dire. Et si vous l'assurez, en votre honteux baragouin, que vous avez très bien compris et que vous pouvez aller seul, vous vous apercevez qu'il vous surveille de loin, dans la rue saignante d'autobus et où règnent les grands policemen sacrés, pour être bien sûr que vous ne faites pas d'erreur.

Ces fondateurs d'empire sont incapables d'être méchants. Leur manque de fiel est étonnant. Un chef allemand atterrit en Écosse avec sa tête carrée sans lèvres – les nazis ont un fil mauvais à la place de lèvres – avec ses monstrueux maxillaires, ses oreilles pointues et ses petites vrilles dangereuses luisant sous l'épaisse broussaille de gorille. Mais, comme il a une sorte de bouche par laquelle on doit pouvoir faire passer du thé, ils s'empressent de lui en offrir une bonne tasse et ils se réjouissent de le voir boire. En matière de méchanceté, les Anglais sont de vrais infirmes. J'ai lu qu'un soldat avait déclaré qu'il refuserait de viser un parachutiste au visage. Il

voulait bien faire son devoir. Mais risquer d'ôter
la vue à un homme, non, tout de même, non. Les
Allemands les tuent avec des bombes toutes les
nuits et le lendemain on entend la radio anglaise
qui chante en allemand un air de Schubert. Non
vraiment, pas plus de fiel qu'une poule.

Leur amie française qui a renoncé à la lutte, ils
l'aiment comme autrefois. Lorsque l'Angleterre
apprit, le souffle coupé, qu'elle était abandonnée
par l'amie sur laquelle elle comptait, elle ne jugea
pas, ne blâma pas, se tut, souffrit. Quand elle put
parler, elle proclama qu'au jour de la victoire elle
rendrait à l'amie sa grandeur et sa souveraineté.

Lorsque je parle français dans la rue ou que,
dans un magasin, je jargonne avec un accent qui
me fait pitié, je ne rencontre pas des regards
d'antipathie. Et je pense avec quelle haine de
petites gens les Allemands, dans la même situation, demanderaient à Dieu de châtier l'ancienne
alliée, eux qui, pendant quatre ans, durant l'autre
guerre, prièrent leur Dieu de groin et de canines,
même sur leurs timbres-poste, de punir l'Angleterre parce qu'elle avait commis l'infamie de tenir
sa parole et de ne pas rester neutre. Les Anglais
savent ne jamais oublier que la France fut trahie
et non traîtresse.

Il y a de l'orgueil sous cette bienveillance mais
aussi une humaine incapacité de haine. À la radio,
ils chantent des chansons françaises, ils jouent des

pièces de Molière et leurs jeunes filles récitent toujours des poèmes de l'odieux Samain ou du niais Hérédia. Un de leurs policemen m'a dit, l'autre jour, avec un sourire de bébé, que les Français seraient si contents lorsqu'ils verraient leurs amis anglais revenir en France. Il se réjouissait déjà de leur joie.

En ce moment, dans la cour, un pompier édenté fredonne une chanson dont le succès est grand et que j'entends tous les jours. Il chante que la dernière fois qu'il a vu Paris, le cœur de Paris était jeune et gai, qu'il ne veut pas savoir comment on lui a changé Paris et que c'est tel qu'il l'a vu la dernière fois qu'il veut se rappeler Paris. Ainsi parle l'Angleterre.

*

Cette race douce est forte. Au mois de juin de l'année dernière, cette petite île à forme hésitante d'ours, s'est trouvée seule, devant l'armée la plus gigantesque de tous les temps. Vraiment David contre Goliath. Et David a relevé la tête, avec une secrète et terrible lumière dans ses yeux humains.

En ce bel été luisant de l'an dernier où les ballons de barrage sont de gros poissons argentés sur la mer toute bleue du ciel londonien, l'Angleterre, presque sans armée et sans armes, sait tristement ne pouvoir compter que sur elle-même. Seule, encore faible et gauche, elle doit se garder de toutes parts, se garder des mines et des torpilles, protéger ses convois et ses rivages, se défendre contre l'invasion et l'attaque aérienne, fabriquer des armes, organiser une armée, apprendre à combattre, défendre l'Égypte, prévenir la menace en Libye et en Abyssinie, veiller sur Gibraltar, sur la Palestine, sur l'Irak, sur toutes ses possessions. Sa flotte, abandonnée par la flotte française, doit être partout et forcément en petit nombre partout. Un sourire mécanique aux lèvres, l'Angleterre entreprend avec espoir la lutte sans espoir.

Et la grande armée des gorilles volants et savants est battue par quelques jeunes anges vêtus de ciel qu'on voit, gauches et timides, rougissants et polis, dans les rues de Londres. Victoire de l'homme.

Alors, la terreur est placée chaque nuit sur Londres comme un linceul suffocant. Chaque nuit, les colères, les hurlements et les ouragans que précèdent les sirènes en longue lamentation et qu'accompagnent les longs tonnerres pleins et répercutés des canons. Les silencieux lutteurs ne veulent rien sentir, rien voir, rien imaginer. Frappés, sonnés, meurtris, crachant leur sang, ils continuent comme en rêve, vagues et souriants, sans une plainte. Victoire de l'homme.

Rien ne leur arrache un désespoir tandis qu'il pleut de la mort. Bombes dont le bruit de chute dans l'air, avant l'explosion, fait peur et amène un brusque paquet de sang à la poitrine des étendus en insomnie d'attente ; bombes explosives qui tombent avec un bruissement d'auto se rapprochant ou avec un roulement soyeux d'avalanche puis un sombre cri fracassant de destin ; bombes incendiaires largement distribuées et qui pleuvent avec des bruits humbles de casseroles ; bombes gémissantes, pauvre invention de sauvages avides de terrifier ; milliers de morts tombantes, trouantes, éclatantes ; grandes bombes projetant des autobus sur des toits et lançant, dans un large rayon, les membres, les bras tournoyants et les fronts éclatés des gardiens de la liberté.

Chaque nuit, pendant des mois, les hommes de Londres tenaient ferme, sans rhétorique, en toute quotidienneté. Ils ne parlaient jamais de la liberté. Ils la défendaient. Chaque nuit, il y avait des nez arrachés, des yeux crevés, des mâchoires fracassées, des enterrements vivants et, pire que tout, la tête qui attend la mort sur la tête. Mais chaque nuit, il y avait le calme et la décence dans chaque tête anglaise. Chaque matin, les yeux, dans leurs paupières enflées, étaient fermes et les nobles visages rasés, aux traits tirés, étaient impassibles. Victoire de l'homme.

Je les ai vus dans les nuits. Ils devisaient comme au golf et il était de mauvais goût de parler des sorts qui hurlaient dehors. Leurs âmes étaient tristes mais ils souriaient. Dans le hall circulaient de belles jeunes filles en pantalons grotesques qui, peu après, sortaient, casquées et à peine fardées, gaies et décentes, dans la mort et les rues de rêve noir. Lorsqu'une méchanceté allemande tombait en hurlant, elles s'étendaient sur le trottoir puis se relevaient et allaient vers le devoir anglais, sous les sots bourdonnements des gros taons tenaces et mauvais. Là-haut volaient, osaient voler dans un ciel de bonté, des Allemands tueurs dont la croix tordue est méchante et convulsée de haine.

Le matin, après une nuit passée à faire le guet dans la rue ou sur les toits, à éteindre des bombes, à soigner des blessés ou à porter des morts, ces jeunes filles, rafraîchies de thé et d'une douche sous laquelle elles avaient sifflé, allaient au travail, les sclérotiques cuisantes et le dos douloureux, d'un pas élastique et long, vivantes jusqu'à la nuit prochaine. Vestales de la liberté. Chaque matin depuis des semaines, ces anges sans sommeil attendaient calmement l'autobus qui les conduirait vers leurs machines à écrire dans des bureaux incendiés et sans vitres. Dans les rues et les fumées, des soldats déblayaient les maisons affalées, en tiraient des morts chauds et de pâles vivants. Terrains dévastés, ombres désolées, délices des cœurs allemands. Monceaux et poussières, terres soulevées, chaises massacrées, verglas des vitres, cratères, armoires collées aux pans de murs, baignoires tordues, violons catastrophés. Sur ces décombres, autels des libertés, un vieux drapeau anglais était planté. Victoire de l'homme.

Leurs maisons sont détruites. Ils en feront de plus belles. Ils bâtiront une capitale magnifique et ils en discutent déjà les plans. Leurs magasins sont éventrés. Ils déménagent et ils recommencent. L'argent se retrouve mais non la liberté. Ces fourmis se mettent au travail, réparent, creusent, plantent des clous, remettent des vitres, s'arrêtent pour s'enivrer d'un litre de thé qui les fait transpirer et leur graisse le nez, recommencent. On quitte la maison éventrée, on en loue une autre ou on va chez des amis ou on couche dehors dans une voiture. Si on est pauvre et si on n'a plus où aller, on dort le soir dans un abri. Rien n'importe que de continuer à souffrir dans la liberté.

Ils ne se plaignent ni des denrées rares, ni des impôts, ni des incertitudes américaines, ni des défaites. Et ne parlez pas d'insensibilité ou de manque d'imagination. Le jour de la victoire sur le *Bismarck*, quarante millions d'Anglais souriants avaient coulé le *Bismarck*.

Après une attaque plus terrible sur Londres, on ne se confie pas, d'une bouche épouvantée à une oreille épouvantée, que ce fut épouvantable. On dit seulement, avec cette charmante affectation dans la

minimisation, que la nuit a été assez bruyante. Et
on décide de faire une semaine d'armement. Les
décents martyrs de Londres donnent, en sept jours,
de quoi fabriquer cinq mille tanks.

(Et ce qui crève le cœur c'est de penser que la
France était prête à en faire autant en juin dernier,
n'eût été cette bande de vieux qui ont trompé,
puis engourdi et livré la belle nation.)

Et si vous leur parlez de leurs admirables
aviateurs, ne vous attendez pas à de l'éloquence.
Non, en réponse à votre enthousiasme continental,
ils vous diront, dans le langage mystérieux et
uniforme de leurs râteliers où il n'y a jamais
qu'une voyelle mais de cent nuances changeantes,
une voyelle constellation, une voyelle gorge-de-
pigeon, une voyelle cocktail, une voyelle encyclo-
pédique, une voyelle qui contient toutes autres
voyelles humaines et divines, celles qui existent et
les autres, une voyelle arc-en-ciel, une voyelle qui
est un long miaulement changeant et qui est un
magnifique compromis où il y a de tout, sauf une
précision, ils vous diront, s'ils vous ont compris et
on ne peut être distinctement compris d'eux que si
on prononce indistinctement, ce qui n'est pas
commode car c'est difficile de prononcer confusé-
ment une langue que l'on ne connaît pas, ils vous
diront, entre deux courants d'air glacé qui vous
feront éternuer, ce dont ils ne s'apercevront
évidemment pas, et auprès d'un poêle électrique

dont la simple vue semble suffire à les chauffer dans les bises hivernales, ils vous diront, en employant leurs redoutables monosyllabes et leurs terrifiants get, tout bardés de successifs et mystérieux out, on, in, off, through, over, ils vous diront avec de scrupuleuses hésitations et des timidités, car ils sont si conscients d'eux-mêmes et des péchés moraux ou sociaux qu'ils peuvent commettre à tout instant, tout entourés qu'ils sont de tabous (car une règle ici, c'est qu'on ne peut parler de rien, car tout est impoli ou personnel ou choquant ou contraire à quelque constitution non écrite) (car on ne peut parler de rien, même pas de religion – en quoi les Anglais sont différents de leurs coreligionnaires suisses, qui sont si heureux de vous informer de leurs expériences spirituelles) ils vous diront, après avoir réfléchi et d'un ton enfin déterminé, ils vous diront ce cliché qui est grand à entendre : oui (un nouveau temps, par pudeur) oui, nos garçons ont fait leur devoir.

Rien ne vaut que faire son devoir et résister. L'Angleterre dépense, emprunte sans arrêt. On verra plus tard. Rien n'importe que tuer la pieuvre et la vider de son sang qui est une bave. Rien n'importe que redonner la joie de liberté au monde. On a de la déveine. On vaincra. La France est vaincue. On vaincra. La Bulgarie est complice. On vaincra. On ne peut pas disposer des bases irlandaises. On vaincra. La Hongrie se joint aux

Allemands. On vaincra. La Yougoslavie est envahie. On vaincra. On est battu en Grèce, en Libye, en Crète. On vaincra. Les villes anglaises sont détruites. On vaincra. Les bateaux qui apportent à manger ou à lutter sont coulés. On vaincra. L'Amérique est lente à comprendre. On vaincra. On est acculé. On vaincra. On a toutes les déveines. On vaincra. Demain l'invasion. On vaincra. Dans la rue, un cadavre, la bouche ouverte et les yeux clos, crie qu'on vaincra. On vaincra. On vaincra. On vaincra. En attendant, ces forts et ces veridiques annoncent leurs défaites en énormes majuscules de fête dans les journaux. Et ils jouent courageusement, chaque dimanche, les hymnes de leurs alliés, tous vaincus. On vaincra. Si juvénilement confiants dans l'avenir qu'ils vous arrachent des larmes de pitié, d'admiration et de foi.

Tandis que j'écris, l'hymne de cette nation retentit au loin, cérémonieux et sûr. Ma main tremble mais je résiste à la tentation de me lever car je ne suis pas seul dans la chambre et, bref, on a de ces pudeurs. Mais, en lui-même, l'étranger répète avec la foi de l'enfance, avec des yeux de certitude, l'étranger répète avec amour les paroles de l'hymne et, avec ferveur, leur souhait de victoire au roi anglais. Ils l'auront bien méritée leur victoire.

CHURCHILL D'ANGLETERRE

I

Je le regarde en ses soixante-huit années. Je le regarde. Vieux comme un prophète, jeune comme un génie et grave comme un enfant. Je le regarde, ce haut gentilhomme charnu, à la bouche bougonne et fermée, à la lèvre supérieure enfantine et résolue, à la lèvre inférieure toute bonne et maligne, à la face large des bons et des vivants, aux épaules rondes, au pas rapide, tout en chair et en rondeurs aimablement insolentes, d'élégance vêtu, éternel marin sans cesse sondant l'horizon avec l'air de se marrer intérieurement. Je le regarde. Grand, gros, solide, voûté, menaçant et bonasse, il fonce, lourd de pouvoir et de devoir, en étrange chapeau de notaire élégant, un cigare passe-temps à la bouche entêtée. Il va hâtivement, lourd et agile, gai dieu marin, entre les deux rangs de sa foule qu'il salue de deux doigts gantés et qui rit affectueusement de bonheur et de vassalité. Majestueux, sérieux,

rieur, l'œil vif et inventif et frais et malicieux et
loyal, tout à son affaire, si intéressé par ce
nouveau fusil qu'il manie quelques secondes avec
une adorable compétence adolescente, divinement
naïf, la démarche assurée et le sourire soudain
étrangement timide, curieux de tout, si ravi,
génialement susceptible de fol intérêt obsédé,
totalement passionné de l'entreprise, bouleversant
de vulnérabilité tendre et constamment poignar-
dée, patriarcal et alerte, soudain presque rigolo,
soudain bougon et décidé, aristo, familier, mépri-
sant, tout vital, quasiment furieux puis affable et
nonchalant. Et toujours parfaitement heureux. Je
le regarde. Tout ce que je devine en lui, je
l'écrirai plus tard. Mais ici et cette fois, c'est
Churchill d'Angleterre que je dirai. Tout homme
naît et se forme pour une grande heure de sa vie.
C'est la plus belle heure de Churchill que je dirai.
Et sa plus belle heure a été la plus belle heure
d'Angleterre. Ce sera sa gloire. Dans le granit des
âges et l'amour des générations, il apparaîtra
prophète d'Angleterre, prophète de la plus belle
heure d'Angleterre, Churchill d'Angleterre.

II

Après l'entrée des Allemands à Prague et
depuis que la situation est devenue irrémédia-
blement dangereuse, il ne reproche plus, il

n'alarme plus. Et c'est un des signes de sa grandeur. Il dit que le temps de la peur est passé et que c'est maintenant le temps du courage. Le temps de la peur, c'est lorsqu'on peut porter remède par des avertissements et des reproches. Maintenant, c'est le temps du cœur ferme, de la sérieuse gaieté et de l'union. Et enfin c'est la guerre qu'il avait prédite dans le silence ennuyé des raisonnables et des compétents. C'est la guerre pour laquelle il aurait tant voulu préparer son pays. Il ne triomphe pas et s'apprête à servir. C'est la guerre et ils se décident à l'appeler au pouvoir malgré qu'il soit un grand homme, ce qui est toujours désobligeant et suspect. Dès qu'il entre au gouvernement, une voix nouvelle se fait entendre. Une voix de costaud. Il ne parle pas, comme d'autres, avec une discrète et pâle élégance, toute en sourdine. L'Angleterre enfin entend un homme. Un engueuleur sacré est monté sur l'autel. Enfin un robuste parle, sans mâcher ses mots, bien qu'avec un exquis défaut de prononciation, de Hitler et de sa bande aux mains rouges de sang et sales de corruption. Enfin l'émouvante voix d'un homme. Enfin une trompette guerrière perce la langueur des premiers mois d'une guerre encore neurasthénique et que d'autres menaient sans conviction. L'Angleterre reconnaît son vrai chef. Il ne veut comme tâche que de détruire le mal qu'il hait. Il subordonnera tout à cette tâche. En lui, au moins, le social ne mangera jamais, consciemment ou non, le national.

III

En ce mois de mai où les arbres d'Europe sont fiancés de blanc et de rose, la grande offensive allemande est déclenchée. Cela devient sérieux et il faut un homme. Churchill est appelé à présider le gouvernement. Les Anglais respirent. Ils savent qu'il est le premier de leurs chefs à avoir saintement détesté Hitler et qu'il n'a jamais voulu traiter avec cette bête. Il est le premier à n'avoir pas eu peur de Hitler, à avoir rompu le charme. (Beaux pleurs des guitares hawaïennes que j'entends à la radio tandis que j'écris, ne tentez plus. Laissez-moi travailler en paix, malheureux que je suis, trop touché par les larmes de ces femmes belles. Ô homme de trop de cœurs, parle de la guerre, de la guerre, des canons et des tanks. Mais vous, sanglots vibrants des îles, arrière, et faites place aux détonations d'un âge sans pitié où je vis tout étonné. Laissez-moi, guitares hawaïennes. Je ne dois pas regarder vos arbres qui se dodelinent sous la brise tiède, tout près de la mer quadricolore et transparente où jouent les stries onduleuses du soleil et où, dans le fond si visible, luisent les jardins de coraux et les poissons bleus et verts. Laissez cet écrivain en guerre, vous, eaux calmes et pures comme le quartz, éclaboussées de bleu paon, de vert jade et de blancheurs. Et vous, écarlates poissons volants, ne faites plus ces charmants petits bonds idiots hors de l'eau que je reste, immobile, à regarder infiniment. C'est de la guerre que je dois parler, de la guerre que je feins hypocritement de trouver intéressante, à coups de stylo dans les reins.) Oui, Churchill est le premier à avoir montré à Hitler les dents et le menton qu'il a considérable – mais non surajouté comme celui du bouffi Mussolini, tout affreux de mégalo-maniaque acromégalie, qui enrage d'être petit et qui porte des talons intérieurs dans ses bottes. Churchill est le premier à avoir tenu tête à Hitler, à avoir su l'insulter. Hitler ne l'a jamais épaté. D'autres chefs, secrètement envieux ou admiratifs, étaient paralysés. Devant le grand serpent brun, la horde des chefs démocratiques avait fui ou essayé des chants mélodieux ou pris des postures féminines pour apaiser le monstre. Churchill fut le vieux solitaire qui se retourne, fait face et fonce. Il sait qu'il est l'Angleterre et qu'il est fort. Il sait que Hitler n'est que violent. Avec ce ministre véritablement premier, l'Angleterre entre enfin en guerre. Et Churchill annonce sa politique. Sa politique n'est pas celle d'un vieux monsieur timide, épouvanté à l'idée de ne pas faire de litotes. La politique de Churchill est simple. Il offre à son pays du sang, des larmes, des fatigues, des sueurs, des tribulations. Et la victoire.

IV

Suite de défaites. L'armée allemande atteint les côtes de la Manche. Les forces anglaises et françaises du front belge sont évacuées à Dunkerque. L'armée belge a capitulé. Churchill prévoit déjà que le pire va arriver. Et déjà il annonce qu'Albion saura mener la guerre pendant des années s'il le faut, seule s'il le faut. S'il parle ainsi, ce n'est pas pour le plaisir, que souvent il éprouve visiblement, de dire une belle phrase. S'il parle ainsi, c'est pour préparer ses concitoyens à ceindre leurs reins et pour salutairement prévenir les défaitistes de tous lieux. Et maintenant les Allemands viennent de contourner la Ligne Maginot. (À quoi bon percer la Ligne Maginot, puisque cette œuvre de spécialistes s'arrête bizarrement à mi-chemin. Dans la maison de Charlot, la porte d'entrée a deux battants. L'un est très verrouillé, très renforcé et très cadenassé. Mais l'autre est tout ouvert et aimable aux cambrioleurs. Notre France méritait mieux qu'une Ligne Charlot.) Quelques jours plus tard, au moment de la débâcle, Churchill envoie au gouvernement de Bordeaux un message immense de sagesse et de poésie. Il propose que la France et la Grande-Bretagne ne soient plus deux nations séparées. Il propose une union perpétuelle et qu'il n'y ait plus qu'une seule nation, française et britannique à la fois. C'était le commencement des États-Unis d'Europe, un encouragement et du sang frais à la France blessée. Les hommes de Pétain haussent leurs épaules étroites et ricanent, en leur noblesse, que l'Angleterre veut faire de la France une de ses colonies. La grande perle roule, ignorée, à leurs pieds.

V

Pétain demande la cessation des hostilités, toujours fier sans doute de ce bâton de maréchal qu'il n'avait pas dédaigné de recevoir des mains de ces démocrates qu'il méprisait et qui, naïvement, le récompensèrent de s'être laissé pousser à la victoire par Foch et par le grand Clemenceau. Pétain assomme la République avec le bâton qu'elle lui a offert. C'est un de ses honneurs. Bien d'autres honneurs flottent au-dessus des bouillies enfantines du maréchal. Au nom de France la vaillante qui ne voulait pas se rendre, Pétain se rend, les yeux ternes et la voix chevrotante. Et même à ce moment il parle d'honneur. Entre soldats et dans l'honneur, ose-t-il dire à Hitler. Ce qui signifie qu'on est des camarades et qu'on s'estime. Quel salut de l'épée et quelle flatterie à cette gouape. Aurait-il cent vingt ans qu'il n'aurait pas le droit, ce vieux, de flatter, au nom de France la pure, cet assassin et ce menteur. Entre soldats et dans l'honneur. Il y avait pourtant un autre honneur et plus honorable, j'en atteste le drapeau français qui flotte à Londres, et qui était de ne pas manquer à la parole donnée aux compagnons de lutte. Entre soldats et dans l'honneur. J'aime l'angélique crème vanille. Je n'ai aucune animosité contre les pieds de porc. Mais des pieds de porc à la crème vanille, c'est trop. Et j'en ai assez d'entendre parler avec vénération de l'âge de Pétain. Pour être vénérable, suffit-il d'être vieux ? Pour être salué comme un grand patriote, suffit-il d'avoir acheté un petit royaume fasciste au prix de la France ? Et suffit-il qu'une mauvaise odeur soit recouverte d'un képi à quatre ou cinq rangs de dorures pour qu'elle sente bon ?

VI

Entourée de ses froides vagues, l'île était maintenant solitaire et menue devant le monstre qui avait balayé un continent en quelques semaines. Il était évident que l'Angleterre aussi allait à la défaite. Elle était seule, sans alliés, sans amis et sans armées. Quelques tanks pour enfants, des tanks trottinettes, des tankinets. Presque plus d'avions. La flotte anglaise était seule. Hitler était tout près. Les Dominions étaient loin. La Russie était froide et impénétrable. L'Amérique était loin et de cœur aussi. Elle mastiquait, buvait, dansait, critiquait et savait que l'Angleterre était perdue. Les Allemands allaient envahir l'île et Hitler avait fait annoncer son entrée prochaine à Londres.

VII

Les Anglais étaient des condamnés à mort affables en ce juin d'il y a trente mois. (Oui, nous sommes arrivés en Angleterre il y a trente mois déjà et nous sommes de trente mois plus près de notre tombe. Mais qu'importe. Douce est la vie et plus douce la mort.) Ils continuaient de boire poliment leur thé. Pas de drames. Pas de réflexions héroïques. Une angoisse admirablement dissimulée. Toute la nervosité qu'ils se permettaient était de fumer davantage. Ils attendaient gentiment. Quoi ? De mourir. Aucun ne songeait, même en rêve, à capituler. En même temps que de mourir, ils attendaient bizarrement de vaincre. Sur quoi fondaient-ils ce fol espoir ? En ce mois de juin, si tu leur demandais comment ils s'en tireraient, ils te répondaient avec un sourire évasif, des mots vagues et un menton précis. Au mieux, ils te parlaient de blocus et te disaient que Hitler n'est qu'un terrien et qu'il ne connaît rien à la mer. Ce qui n'était pas fort. Au fond, ils ne savaient pas comment ils s'en tireraient. Ils ne se posaient pas de questions inutiles. Ils avaient foi.

VIII

En ce mois de juin et durant les mois qui suivirent, mois de batailles dans les airs, d'invasion imminente et d'explosions nocturnes, je regardais ces commis et ces dactylos, avec leurs sages masques à gaz, dans leurs lugubres et froids restaurants à courants d'air. Je regardais ce doux fretin se passer aimablement le sel et se murmurer des politesses en leur empirique prononciation, confuse et imprévisible comme la vie – ne pas configurer, ne pas engager l'avenir, attendre et voir, rester imprécis et fluide le plus longtemps possible – en cette redoutable prononciation qui était un brouillard où j'errais, solitaire et désespéré. Je regardais ces humbles gentilshommes des restaurants bon marché manger décemment, avec de menus gestes civilisés de jeunes filles sentimentales, leurs soissons sur toasts ou leurs macaronis sur toasts ou leurs toasts sur toasts ou leurs étranges gâteaux sans saveur et qui font semblant d'être des gâteaux. (Sous une couche blanche qui n'est pas de la crème et qui n'est pas sucrée et qui est peut-être du bismuth ou du bicarbonate de soude, la dent étonnée du voyageur hardi rencontre du pain, du vrai pain dont je reconnais qu'il est humide et qu'il pourrait être doux. Bref, on joue aux gâteaux. Censément que ça sera un gâteau, dit l'enfant à son pâté de sable.) Je les regardais dans leurs rues aux couleurs enfantines et barbares qui criaient au soleil – autobus saignants, troncs postaux rosbif, cuivres coruscants, nurses tricolores aux bretelles cramoisies, portes blanches et colonnes épinard des péristyles, tricots citron, gardiens de squares en redingote rouge tranchant sur le vert du gazon, portiers bleu et or des grands hôtels, garçons de la Banque d'Angleterre vêtus d'écarlate, turbans colorés des jeunes filles, confiseries bourrées de bonbons naïfs qu'on aurait cru fabriqués par des enfants ou des nègres, nougats de neige ou d'un rose de foire arabe. Je les regardais.

IX

Je les regardais et je devinais, en tous ces Anglais sur leur vieille caravelle impériale, une étrange joie à continuer seuls la guerre, une mystérieuse joie ethnique, une fière et âpre joie, salée d'embruns, à connaître leur faiblesse et leur abandon, une marine joie aux yeux libres de

savoir qu'ils étaient désormais les seuls
nautoniers de leur destin. Comme miracle de la
foi, c'en est un et bien tassé. Il est peu loquace et
peu tapageur mais de grand carat. En leur
dénuement, cette joie de solitude était un alcool
noble et qui leur laissera, après la victoire, une
royale saveur. Pour ces condamnés rougissants et
polis, tout était clair. Plus personne avec eux.
Mais aussi plus personne pour les abandonner. À
l'Angleterre il ne restait plus que l'Angleterre.
Tous ces Churchills, le grand et les millions
d'autres, savaient que c'était beaucoup et que
l'Angleterre n'abandonnerait pas l'Angleterre.
Plus de complications avec tous ces étrangers
gesticulants. On était désormais entre Anglais,
tout seuls, tout frères et tout laconiques. Il n'y
avait plus rien à faire qu'à être anglais et à serrer
les dents. Le vin du malheur était tiré et ils le
buvaient avec décence. Mais ils savaient, en leur
malheur et avec une fierté presque folle sous leur
modestie, qu'il y aurait toujours une Angleterre et
qu'elle régnerait toujours sur les flots, que Dieu
sauverait leur gracieux roi et qu'il le garderait
heureux et victorieux.

X

Tous ces courtois aux lunettes souriantes et
aux râteliers affables qui jouaient à la dînette dans

leurs cimetières de la cuisine, si tu leur avais dit qu'ils étaient des héros, ils auraient déposé leur dessert – un petit cercueil de papier, rempli d'une gelée qui est peut-être du pied de veau ou de la colle de poisson ou de la gomme arabique – et ils t'auraient regardé avec un étonnement choqué. (Oui, c'est le dessert, cette colle, et tout prêt à être mangé. Cette ravissante friandise, délice et chimère de vieilles demoiselles véhémentes et sociales aux bas accordéonnés, a parfois un goût violent de médicament ou, plus souvent, il est équitable de le reconnaître, pas de goût du tout. Mais elle est terriblement jaune ou rubis et c'est ce qui importe à cette jeune race. Plus c'est couleur et plus c'est bon, disait un enfant que je connais. Et les Anglais se régalent de ces vives couleurs, d'autant plus qu'au fond de la tremblante et transparente gélatine il y a, raffinement gastronomique suprême et merveille des merveilles, une rondelle de banane. Il faut le génie transfigurateur de l'enfance pour aimer ces gelées qui sont de l'eau solidifiée mais tiède et pour se contenter de couleurs et de formes. Donnez un bout de bois à un enfant, il en fera un soldat.) Oui, t'entendant dire qu'ils sont des héros, ces doux convives, déposant leur innocent dessert, t'auraient regardé d'un œil sévère et gêné, t'auraient trouvé curieusement latin, excitable et pas très bien élevé. Anglophile, Jean Mahan ? Oui. Je les ai

vus à l'épreuve. Ils ont été pesés et ils ont été
trouvés lourds. C'est une joie de respecter ceux
qu'on aime. J'ai vu les Anglais lorsque l'alerte
était donnée par les sirènes qui sont sur les toits
de Londres mille femmes lançant leurs hystéries.
(Elles ont des longs cheveux de folles, ces mille
femmes, et tout en gémissant elles étendent
lentement les bras puis les ramènent théâtra-
lement et elles hululent avec une bouche ronde,
ces droites folles de la peur.) Je les ai vus tenir le
coup dans les nuits. J'ai vu leur bonne humeur
dans les matins courbaturés, lorsque Churchill
allait les voir. Debout dans son auto, il leur disait
silencieusement, à ses silencieux, sur les
décombres et dans la grise froidure, qu'il était
avec eux et il soulevait gentiment sa canne que
surmontait son étrange chapeau. D'où le cran
divin de ces timides rougissants et bégayants,
sérieux et racés ? D'où leur tranquille et doux
entêtement ?

XI

Quand son fils imprudent se noie, le père lui
lance un grand cri d'amour et s'élance à la mer
pour le sauver. De même Churchill. Maintenant,
c'est l'heure de bonté. En ce mois de juin, le plus
beau juin de Churchill et d'Angleterre et de notre
vie d'exilés, en ce mois de juin où il ne se passait

effrayamment rien mais où tous les dangers
guettaient avec de larges rires silencieux de
squelettes, où les rues propres de Londres
menacée étaient ornées de décentes chansons, ce
prophète ne triompha pas d'avoir eu raison. En ce
mois de juin de terrible attente où l'air chaud
vibrait dans le soleil sous les immobiles baleines
blanches du ciel bleu et où, dans les nuits, les
projecteurs lançaient droitement leurs stries de sel
diamanté vers les étoiles qui sont les yeux des
anciens morts, le prophète d'Angleterre ne voulut
pas du triomphe de rappeler ses prédictions
d'autrefois aux sourds d'autrefois. Il aimait trop
son peuple et il méprisait de reprocher
maintenant. Cet homme au visage de bonté ne
pensait qu'à sauver ses quarante-sept millions
d'Anglais, les longs efforts des pères morts et
l'héritage des fils infinis.

XII

Alors que la furie du monstre va s'élancer, il
prend son peuple entre ses bras. Il lui parle et il le
calme. Il ne cache rien des dangers à la
progéniture robuste. Mais il lui dit aussi les
paroles d'encouragement. Il dit à ses Anglais les
raisons d'espérer. Il leur rappelle leur flotte
puissante et que les lionceaux des dominions vont
bondir au secours du vieux père assailli. Tout ce

qu'un inventif amour peut trouver pour rassurer,
il le dit. Et parce qu'il est trop vivant pour jamais
se guinder et coller sur sa face humaine un
masque de ministre, il sait leur dire des mots
gentils et braves, des mots de famille. Dans notre
île, leur dit-il un jour, nous sommes en bonne
santé et en bon cœur. J'aime. Ces mots ordinaires
me touchent, dits par ce ministre et à cette heure
tragique dont ils diminuent miraculeusement
l'oppression. Ainsi parle un bon père. Ainsi
surtout parle une mère qui a le génie de l'amour
et qui sait que certains mots simples sont les plus
magiques. Et je m'y connais en paroles de bonne
mère. Sans cesse Churchill, infatigablement, leur
montre au bout de la route noire les hauteurs
ensoleillées. Avec une sainte obstination, il les
hypnotise de la victoire finale. La poésie de cet
homme éclate en cette imposture sacrée qu'il
clame au moment où l'Angleterre est perdue.
Mais cette imposture deviendra une joyeuse
vérité, il le sait, il le veut.

XIII

Si grand qu'il soit, un peuple en péril a besoin
de voir son âme et d'y croire. C'est alors seulement
qu'il acceptera de mourir pour que son âme vive.
La chance de l'Angleterre a été d'avoir eu, devant
elle, le poète qui lui a montré l'âme d'Angleterre.

Et la chance de Churchill a été d'avoir eu, derrière lui, l'Angleterre. Il a frappé et, à travers la croûte des ans de torpeur et d'oubli, l'âme a jailli. Mon peuple, je t'ai regardé et tu m'as enseigné. Écoute ce que tu m'as appris, mon peuple. Avec la sainte ruse des prophètes, il les persuade et les hypnotise d'eux-mêmes. Voici ce que vous êtes, sait-il leur dire au juste moment. Et ils le croient aussitôt. Il les fait ce qu'ils sont. Par lui ils deviennent ce qu'ils sont. Il les hausse jusqu'à eux-mêmes. Parce que Churchill le leur dit, ils savent qu'ils se battront sur leurs rivages, sur leurs terrains d'atterrissage, dans leurs rues et dans leurs champs. Parce que Churchill le leur dit, ils savent qu'ils ne se rendront jamais et que jamais ils n'accepteront la honte et la servitude. Parce que Churchill le leur dit, ils savent qu'ils sont invincibles et un peuple fier à nuque raide. Parce que Churchill le leur dit, ils savent qu'un Anglais peut faire grâce mais ne demande jamais grâce. Parce que Churchill le leur dit, ils savent qu'ils accompliront leur devoir et que dans mille ans le monde dira que cette heure fut la plus belle de leur nation. Parce que Churchill le leur dit, ils savent qu'ils sont maîtres de leur destin. Parce que Churchill le leur dit au milieu des ruines de Londres fumante, ils savent que Hitler a allumé en leur cœur une flamme qui brûlera droite et sans vaciller jusqu'à la fin de la tyrannie allemande.

XIV

Après les avoir ceints de nationale ténacité, le prophète oint ses Anglais de sacerdotale mission. Quand il leur parle de leur pays, c'est aussi comme d'une sainte forteresse où sont enchâssés les titres de noblesse de l'homme. L'homme, ancien être de nature, est devenu humain et il veut, malgré Hitler et sa croisade de la nature, poursuivre sa royale marche. Churchill rappelle à ses Anglais qu'ils sont des prêtres en armes et les fils du Christ. Il leur dit qu'ils sont les combattants de l'homme, cette créature nouvelle apparue sur terre depuis quelques siècles et par la grâce des Dix Commandements. Il leur dit qu'ils sont la juste nation, fille de la Bible, ennemie jurée de l'adoratrice des méchantes lois de nature, la bête allemande en sa forêt. Quelle est la finale vision de victoire que Churchill leur dévoile en leur haut lieu ? Il leur dit que s'ils ne désespèrent pas en leur péril, ils sauveront le monde par eux redevenu humain. Tandis que Hitler rugit à ses tondus des promesses animales de conquêtes et d'esclaves, Churchill pose une couronne humaine de mission sur la tête d'Albion aux tresses de miel et aux proéminentes dents éblouissantes. Lui tendant l'épée, le seigneur et prophète lui montre ce futur butin digne d'elle, le bonheur de la terre reprise à la bête et rendue à l'homme qui naquit au tonnerre du Sinaï.

XV

Il est simple, ce national poème dont l'auteur est Churchill en ses discours ? Il faut du génie et beaucoup d'amour pour dire ce que des millions attendent en leur obscurité, désirent en leur ignorance, retrouvent et reconnaissent en leur certitude éclatée. Et parce que Churchill lui parle, l'Angleterre solitaire ne reconnaît pas, avec une folle absurdité, qu'elle est perdue et que l'Allemagne est plus forte qu'elle. Parce que Churchill sans cesse lui dit les grandes paroles anglaises, Albion aux yeux brumeux, haute sur son gazon, sans armes en face de l'irrésistible Allemagne, abandonnée de tous, ne s'abandonne pas. Parce que Churchill lui parle, cette fausse froide et cette fausse maigre relève son beau menton accusé et choisit la voie de rectitude, prête à l'honorable mort, la hampe des libertés à la main, toute grave de son chant national, face à l'horrible bête qu'elle regarde sans peur, toute droite et blanche en son île verte, le visage calme et l'angoisse courageuse au cœur. Parce que Churchill lui parle, cette vierge forte s'apprête à recevoir, un imperceptible sourire aux lèvres, les coups mortels et se prépare à entrer dans la vallée de l'ombre de la mort.

XVI

Parce qu'elle entend son âme dans la voix de Churchill, elle s'élance juvénilement d'un grand envol de soyeuses ailes coupant le satin du ciel et les avions allemands meurent au-dessus de l'Angleterre et tombent dans ce glorieux été. Parce que Churchill lui parle, la courageuse sourit sous les bombes sifflantes et craquantes de cent nuits d'insomnie. Parce que Churchill lui parle, elle ne bronche pas sous les défaites de Libye et d'Égypte, de Birmanie et de Singapour. Parce que Churchill lui parle, elle mène le combat exténuant sur l'Atlantique et sur toutes les mers. Parce que Churchill lui parle, battue partout, elle est l'espérance et la foi et son regard reste fier. Parce que Churchill lui parle, toute faible et désemparée par tant de tâches à mener de front, inexpérimentée et vaillante créature, elle défend Suez et les territoires d'Orient, elle remporte les premières victoires. Et elle construit sans cesse, durant tous les jours et toutes les nuits, les méchantes machines de l'eau, de la terre et du ciel. Parce que Churchill lui parle et l'inspire, elle équipe et instruit de nouvelles armées, elle ravitaille Malte, elle ravitaille tous ses fronts et la Russie et son peuple de Grande-Bretagne, elle apprend à se battre, elle se bat, et la maladroite d'hier remporte la victoire d'Égypte. Et surtout, parce que

Churchill lui a parlé, elle a été l'obstacle entre Hitler et la domination définitive et elle a eu la force de tenir périlleusement le solitaire flambeau de liberté et d'espoir sur l'Europe. Courageuse championne et portant seule le mortel fardeau, elle a donné à la Russie et à l'Amérique le temps de se préparer et d'entrer dans l'arène. Sans l'Angleterre et son âme qui est Churchill, le monde des hommes humains était mort.

XVII

Ô mon prophète et homme d'amour, tu m'as tant aimée que tu m'as trouvée la plus belle et que, par la force de ton amour, tu m'as, en vérité, faite la plus belle. Et voici, je suis ta fille et la renée de ton amour. Tu m'as tant aimée que tu m'as donné une âme, lui dit sa nation reconnaissante. Et ceci est la plus grande parole d'amour que nation ou femme puisse dire à prophète ou époux. Si tu n'étais déjà grande, je n'aurais pu te faire grande, et l'âme que je t'ai donnée, tu l'avais de toute éternité, répond le prophète à sa nation. Et le dernier mystère de cet amour est que, d'avoir tant dit et aimé sa nation, Churchill est devenu l'âme même de cette nation et restera éternellement, tel qu'en lui-même changé, cette âme d'Angleterre, Churchill d'Angleterre.

XVIII

J'ai écrit toute la nuit et voici c'est le matin.
En ce dimanche matin, j'ai pris au hasard une
cigarette dans le harem de métal où elle reposait
auprès de ses blondes sœurs allongées. J'ai
regardé la brumeuse rue de maisons de poupées et
de grands Anglais et soudain une vision est née
devant mes yeux las. Une étrange maison au fond
de mes yeux ou de la rue s'est dressée en ce doux
pays des hommes timides et forts, vert pays des
jeunes gens rougissants et des jeunes filles
enhardies, folles herbes surveillées, une étrange
maison sur la dune des Angles angéliques aux
poings osseux et aux yeux chastes, des longs
Saxons aux bégayantes bouches. Maison magique
et solitaire sur sa dune battue de flots froids et
ennuyés, maison baroquement petite et soudain
immense, continuellement rapetassée, tout encroûtée
et toute splendide, avec des parties neuves et des
parties vermoulues, des étais et des gargouilles,
des labyrinthes, des revenants, des souterrains et
des nids de guêpes, sentant le renfermé et l'air le
plus pur du large et de la haute mer, petite et
grande maison branlante, flageolante, penchée,
redressée, tenant le coup, éternelle et changeante,
soudain gigantesque cathédrale vivante dont les
poutres neuves naissent, poussent aux dépens des
vieilles qui demeurent pourtant, mi-atrophiées,

puis ressuscitent, envahissent, s'étendent, poutres et lianes entourant d'autres poutres, les embrassant, s'enroulant, fusionnant. Lents foisonnements dans cette cathédrale magique d'Angleterre, mélanges, osmoses, utilisations des hasards, tâtonnements, ratages germinatifs. Cathédrale et caravelle de verrues utiles et de sains cancers, de bourgeons et de chrysalides, monstrueusement organique, poussant des annexes et des polypiers biscornus, sans trop savoir, par-ci, par-là. Dans cette magique demeure d'Angleterre, toujours la même et toujours autre, vivent des silencieux qui chérissent la liberté et la justice parce qu'ils ont lu le Livre saint. Sur le seuil de pierre veloutée par les âges se tient Churchill qui ouvre le gothique portail d'où sort l'armée des sauveurs d'humanité, d'où sortent et sortiront jusqu'au jour de rétribution nos frères et alliés, les hauts Anglais et, en cette vision, leur prophète Churchill les sacre l'un après l'autre. Ils vont avec un sourire vers demain et sa victoire de l'homme.

XIX

L'étrange maison s'est dissipée avec la fumée mourante. Et, soudain, il se fait un grand remuement vibrant et prolongé et les fenêtres de toutes les maisons de ma rue s'ouvrent et c'est une banderole de gravité à travers l'Angleterre. Après deux ans de silence et de malheur, les cloches sonnent, en ce quinzième jour de novembre, la première grande victoire anglaise. Toutes mêlées, voix des comtés et des fabriques et des champs, des hauts beffrois et des hameaux, voix d'Écosse, d'Angleterre, de Galles et d'Ulster, toutes mêlées, naïves et douces et fortes comme les hommes de ce pays, toutes, à voix haute et malhabile, monotonement toutes remercient Churchill. Elles disent au peuple que, par la grâce de Churchill, il a été ferme et droit. À travers la brume, elles chantent de leur mieux, les engourdies, les honnêtes voix de Grande-Bretagne. Certaines sont fêlées car elles ont eu, ces servantes mutilées, leur part de tribulations. Affables mais gauches, elles sortent de leur tour avec hésitation, ces voix, comme l'humain gauchement sort de l'animal de nature. Gloire, chantent ces naïves voix de naïve Albion. Elles chantent plus fort maintenant, les vieilles maternelles, comme frappées soudain par la beauté de la terre de demain, lorsque le loup habitera avec l'agneau et que la panthère reposera auprès du chevreau. Et voici que les petits oiseaux de la rue, mes chers petits crétins du bon Dieu, essaient soudain de couvrir les grosses voix. Eux aussi sont heureux aujourd'hui. Sonnez donc à pleines volées, sonnez saintement, quarante mille voix d'Angleterre, naïves et bonnes, enrouées de vous être si longtemps tues, et dites tristement votre joie dans l'air gris et rendez fruste hommage au tenace seigneur Churchill. Et vous, humiliés et offensés d'Europe, écoutez les cloches qui annoncent les jours et les soleils de demain et qu'il y aura encore des primevères et de rieuses fiancées dans les vallons. Chantez aussi en vos froids réduits d'Europe hâve, chantez avec elles et avec nous, chantez malgré votre angoisse et votre faim, ridiculement chantez louange et joignez vos voix sans souffle à ces voix lentes d'Angleterre, chantez à voix basse, mes pauvres aimés de France, chantez, voix d'Europe blessée, voix de tous nos aimés en loques, pauvres voix des doux et des aimants que nous ne verrons plus, voix de nos amaigris en quête, voix de nos traqués en désespoir d'espoir, voix terrifiantes de nos pères et de nos mères en épouvante à chaque pas entendu dans l'escalier, chantez, voix chéries de nos pères et de nos mères, voix cassées, voix disparues, chantez aujourd'hui le jour de demain. Voix d'Angleterre et voix du monde asservi, en ce jour de certitude, chantez aussi la louange de celui qui, en ne perdant pas courage, a changé déjà nos destins. Enchaînés d'Europe, dites hosannah avec nous. Demain vos liens tomberont et le jour de bonté luira. Et vous, cloches, voix gentilles, voix lourdes, voix pieuses, portez vers le futur le nom de Churchill d'Angle-terre.

CONFÉRENCE DE L'OIR ET DES ORGANISATIONS BÉNÉVOLES

Genève, 18-21 janvier 1949

Annexe au rapport

L'Organisation internationale pour les réfugiés
et la protection juridique et politique

*Exposé présenté à la Commission de l'éligibilité
et de la protection*

M. Albert Cohen
Directeur de la Division de Protection

LES OBJECTIFS DE L'ORGANISATION INTERNATIONALE POUR LES RÉFUGIÉS EN MATIÈRE DE PROTECTION JURIDIQUE ET POLITIQUE

Exposé de M. Albert Cohen, Directeur de la Division de Protection

Vous savez qu'aux termes de l'article 2 de sa Constitution, l'OIR doit assurer la protection juridique et politique des réfugiés qui relèvent de sa compétence. Il semble à peine nécessaire de justifier les fonctions qui nous ont été ainsi assignées, d'insister sur la nécessité de cette protection.

Le réfugié, lorsqu'il est apatride de droit ou de fait (et c'est le plus souvent le cas) est soumis à un triple handicap :

Le premier handicap consiste en ce que le réfugié est partout, en tous pays, où qu'il se trouve, un étranger (et c'est une condition qui par elle-même comporte toujours des désavantages). Il n'a pas cet ultime recours qui est toujours ouvert à l'étranger « normal » : le retour au pays natal. Il est inutile d'insister sur le sentiment de sécurité que donne à l'étranger normal le fait qu'il existe un coin de terre où il n'est pas toléré, mais où il peut toujours retourner de plein droit si les conditions qu'il trouve à l'étranger lui sont défavorables.

Deuxième handicap : non seulement le réfugié est partout un étranger, mais encore il est un étranger non protégé. Il ne peut, à l'encontre des étrangers ressortissant d'un État national, avoir recours à la protection diplomatique et consulaire. Il n'a pas de gouvernement derrière lui. Il n'y a pas derrière lui, invisible et puissante, la force d'une collectivité nationale qui l'accompagne. Il n'est pas une des cellules d'un grand corps social. Il est un isolé. « Malheur à l'homme seul », dit la Bible.

Troisième handicap : cet homme qui est un étranger partout et un étranger non protégé, est le plus souvent un malheureux, une épave. Il vit dans des conditions matérielles et morales particulièrement difficiles. Il a le plus souvent perdu ses biens matériels. Il est démuni de ressources et ne peut avoir recours aux diverses formes d'assistance qu'un État dispense à ses ressortissants. Il a personnellement connu dans le passé des périodes douloureuses. Il a été fréquemment frappé dans ses affections familiales. Il est parfois en butte à la suspicion ou au mépris qui s'attachent facilement aux étrangers démunis de protection : c'est un fait incontestable de psychologie collective que le comportement d'une collectivité autochtone diffère selon qu'elle se trouve en présence d'un étranger « normal », fort de la force invisible de l'État qui le protège, ou en présence de cet étranger « anormal » qu'est le réfugié, faible et sans appui, qui n'a pas le recours du retour au pays natal – et qui, pour cela même et injustement, est souvent traité en suspect, en indésirable.

Enfin, et cela encore fait partie du troisième handicap, la vie mouvementée, spasmodique, cahotée du réfugié, donne naissance à des problèmes, nombreux et complexes, qui sont son triste apanage et que ne connaissent pas les étrangers « normaux » : problèmes de statut personnel : manque de documents civils, de titres de voyage, de papiers d'identité ; problèmes de restitution et d'indemnisation ; problèmes de déblocage de fonds ; impossibilité où il se trouve de jouir des clauses de réciprocité, etc.

De tout cela, il ressort que s'il est un être humain qui a besoin de protection, c'est bien le réfugié. Mais le douloureux paradoxe, c'est que cet homme qui a particulièrement besoin de protection, nous ne pouvons lui donner, je dois le dire en toute franchise, qu'une protection atténuée, moins vigoureuse que la protection gouvernementale. Nous ne sommes pas un État. Nous ne pouvons prétendre à exercer une forme quelconque de puissances publique. Nous devons compter sur la bienveillante collaboration des gouvernements. De plus, nous sommes une organisation internationale temporaire, ce qui ne facilite pas notre tâche. Mais tout ce que nous pouvons faire, nous le faisons.

Avant d'entrer dans le vif de mon sujet, à savoir les objectifs de protection, je crois utile de vous soumettre quelques remarques préliminaires. Elles ont trait à la portée qu'il convient de donner à l'expression « protection juridique et politique ».

En l'espèce, il y a eu souvent des malentendus qu'il s'agit de dissiper. Il n'existe pas deux formes de protection, l'une étant la protection juridique et l'autre étant la protection politique. Il n'y a qu'une seule et même forme de protection qui est à la fois de nature juridique et politique.

Cette protection est juridique, a un caractère juridique en ce sens qu'elle consiste essentielle-ment à sauvegarder ou à améliorer le statut juridique des réfugiés.

Elle est, d'autre part, politique, elle a un caractère politique, en ce sens qu'elle implique des relations avec les gouvernements, des repré-sentations auprès des gouvernements. C'est l'interprétation de la Société des Nations telle qu'elle se trouve exposée dans le document pertinent (A. 28.1930. XIII) dont je n'ai que le texte anglais sous les yeux et dont le passage pertinent est ainsi conçu : « This function of the League is to a great extent political in that it implies relations maintained in its own name with the governments and their competent departments ».

J'en viens maintenant à l'essentiel de mon exposé : nos objectifs en matière de protection.

Il va sans dire que je ne vous parlerai que des objectifs importants, des problèmes que nous avons abordés dans le passé ou que nous nous proposons d'aborder dans un proche avenir. En ce qui concerne le passé, je vous indiquerai chaque fois qu'il y aura lieu, nos réussites. Je ne vous dissimulerai pas nos demi-réussites ou nos échecs.

Déclaration de décès de personnes disparues

Il s'agit de la déclaration de décès de personnes disparues, notamment à la suite de persécutions, durant la dernière guerre. Le fait que le décès de ces personnes ne peut être officiellement constaté a conduit à des situations de famille et de propriété à la fois inextricables et douloureuses. Ce problème affecte surtout des réfugiés relevant de notre mandat et dont les parents ont disparu à la suite de la politique hitlérienne de génocide. La Division de Protection prépara l'année passée, un mémorandum sur cette question. Ce mémorandum fut soumis au Secrétaire général des Nations Unies et présenté ultérieurement au Conseil économique et social à sa session de juillet/août 1948. Le Conseil économique et social reconnut l'importance et l'urgence du problème ainsi que la nécessité d'une convention internationale, convention que nous avions proposée dans notre mémorandum. Le Conseil économique et social adopta en date du 24 août 1948 une résolution invitant le Secrétaire général des Nations Unies à préparer un projet de convention, à le transmettre aux gouvernements membres des Nations Unies, et à présenter, en tenant compte des réponses des gouvernements, un projet définitif au Conseil économique et social à sa session de février 1949.

La Division de Protection prépara, dans le court espace de temps qui restait, un avant-projet de convention, qui fut remis au Secrétaire général des Nations Unies. L'essentiel de notre avant-projet peut être résumé comme suit :

(I)　　Mesures propres à éviter des lacunes de compétence en la matière, à savoir création de juridictions compétentes en la matière dans chaque pays signataire,

(II)　　Mesures propres à assurer la reconnaissance, par tous les pays signataires, des décisions déclaratives de décès prises dans un pays signataire.

(III)   Mesures propres à éliminer certains conflits de lois par l'introduction de solutions uniformes.

(IV)   Institution d'un bureau international de déclarations de décès.

Le Secrétariat général des Nations Unies a retenu l'économie générale de notre projet. Il a toutefois éliminé certaines des dispositions qui visaient à l'introduction de solutions uniformes.

Nous avons formulé certaines observations sur l'avant-projet ainsi révisé par le Secrétariat général des Nations Unies, observations qui ont été communiquées aux gouvernements des Nations Unies. Nous suivons attentivement la question. En l'espèce, notre Organisation a joué un rôle qui n'a pas été inutile. Elle a posé le problème ; elle a proposé une solution ; elle a préparé l'avant-projet de convention. Je tiens à saisir cette occasion pour rendre hommage à la précieuse contribution apportée en l'espèce par le Dr Schnitzer, Conseiller juridique à la Division de Protection.

Déblocage d'avoirs appartenant à des victimes de la persécution nazie

Nous nous sommes occupés de cette question dans divers pays. Je vous parlerai, à titre d'exemple, de la situation en Suisse. Dans ce pays, tous les avoirs de ressortissants allemands ou de personnes d'origine allemande mais déchues de cette nationalité ont été d'abord bloqués. Par la suite, l'Office suisse de compensation a admis des demandes individuelles de déblocage de fonds appartenant à des personnes « non aryennes » et domiciliées hors d'Allemagne. Enfin, par un arrêté du Conseil fédéral de février 1948, le déblocage de tous les avoirs de ressortissants allemands a été ordonné. Restent toutefois bloqués les avoirs d'Allemands domiciliés en Allemagne. Or, parmi ces derniers, se trouvent des victimes du nazisme qui sont demeurées en Allemagne. L'Office suisse de compensation reconnaît les conséquences fâcheuses d'une telle situation, mais estime, non sans raison, être lié par l'accord de Washington. Nous avons entrepris certaines démarches qui pourront peut-être conduire à une solution satisfaisante.

Restitution

1. *Zone américaine d'Allemagne*

La loi de restitution de la zone américaine peut, tout compte fait, être considérée comme satisfaisante. Le délai imparti pour présenter des réclamations à l'Office central à Bad Nauheim a expiré le 31 décembre 1948. Nous avions proposé une prolongation du délai. En effet, les effets de la réforme monétaire ne sont pas encore suffisamment connus pour que les intéressés puissent prendre une décision motivée, c'est-à-dire pour qu'ils se rendent compte s'il est préférable de demander la restitution des biens ou le paiement de la différence entre la valeur réelle des biens spoliés et le prix antérieurement reçu. Les propositions que nous avons faites à cet égard sont malheureusement demeurées sans effet.

2. *Zone britannique d'Allemagne*

Un premier projet de loi de restitution avait été préparé. Il n'était pas très satisfaisant, du point de vue des intérêts des personnes victimes des mesures de spoliation. Nous avons fait des représentations à ce sujet. Nous croyons savoir qu'un nouveau projet est en voie de préparation qui serait, semble-t-il, beaucoup plus satisfaisant et qui s'inspirerait de la loi en vigueur dans la zone américaine.

Le Foreign Office a bien voulu nous informer qu'il soumettra le nouveau projet à notre examen, ce qui nous permettra de présenter tous commentaires et suggestions utiles.

3. *Zone française*

Les problèmes de restitution ont été réglés en zone française par l'Ordonnance N° 120. La réglementation de la restitution dans cette zone appelle diverses réserves de notre part. Par exemple, il n'a pas été établi d'Office central pour la soumission de demandes en restitution. De ce fait, il sera nécessaire, dans chaque cas, de s'adresser aux tribunaux allemands. En outre, l'Ordonnance française stipule que les fruits (c'est-à-dire les revenus des biens spoliés), ainsi que les biens en déshérence, seront affectés à un fonds administré par les autorités allemandes et qui sera destiné à indemniser les persécutés de leurs pertes individuelles. Cette solution ne nous paraît pas satisfaisante et n'est pas conforme au principe général posé par l'Acte final de la Conférence des réparations.

Nous avons demandé à notre délégation en zone française de faire des représentations. La situation reste peu satisfaisante. Nous envisageons d'autres représentations.

4. *Autriche*

En Autriche, divers aspects du problème de la restitution ont été réglés par plusieurs lois, dont la plus importante est la Troisième Loi sur la Restitution qui a trait aux biens transférés par contrat mais sous contrainte. Nous suivons le développement de la législation en la matière. Nous nous efforcerons surtout d'éviter que des amendements défavorables soient apportés aux lois sur la restitution. Des bruits avaient couru selon lesquels on envisageait d'amender la Troisième Loi dans un sens favorable aux acquéreurs de biens spoliés. Nous nous sommes immédiatement préoccupés de cette question. Les autorités autrichiennes ont fait connaître à l'un des conseillers juridiques de la Division de Protection qui s'est rendu récemment en mission à Vienne, que des amendements à la Troisième Loi n'étaient pas envisagés.

Nous suivrons également tous développements éventuels concernant la Cinquième Loi sur la Restitution (baux et locations) et la Sixième Loi (contrats d'emploi et pensions). Nous suivrons également l'évolution de la situation en matière de biens en déshérence.

Indemnisation

1. *Zone américaine d'Allemagne*

Comme suite à nos représentations divers amendements ont été apportés au projet de loi relatif à l'indemnisation pour dommages subis sous le régime nazi (dommages à la vie, à la santé, à la propriété, dommages pour sévices, pour détention dans des camps de concentration, etc.). Tel qu'il est actuellement, ce projet n'est pas encore tout à fait satisfaisant et, par l'intermédiaire de notre délégué, nous avons soumis nos vues au Gouvernement militaire.

2. *Zone française d'Allemagne*

Le problème de l'indemnisation est couvert par l'Ordonnance N° 164 qui ne fait que poser le principe de l'indemnisation mais ne donne pas de règles concrètes de droit matériel ou de procédure. Nous avons soumis nos vues à ce sujet.

Dommages de guerre

Comme suite à des représentations que nous avons faites auprès du Gouvernement du Luxembourg, par le truchement de notre délégué, le projet de loi sur les dommages de guerre a été amendé. Il stipule maintenant que les étrangers résidant dans le Grand-Duché depuis 1930 ont le droit d'être indemnisés pour dommages de guerre. Dans le projet original, seuls les étrangers résidant dans le Grand-Duché depuis 1925 avaient droit à des indemnités en matière de dommages de guerre.

Il est à signaler d'autre part que les autorités françaises compétentes ont décidé que les réfugiés statutaires bénéficieraient, en matière de dommages de guerre, du traitement accordé aux ressortissants polonais, en vertu de la clause de la nation la plus favorisée.

Droits de l'Homme

La Division de protection a soumis un mémorandum à la Commission des droits de l'homme lors de sa seconde session en décembre 1947. Ce mémorandum traitait surtout des questions suivantes :

(I)   Égalité devant la loi ; mesures propres à prévenir des discriminations ; protection des minorités.

(II)   Problèmes de nationalité et d'apatridie.

(III) Questions relatives à l'émigration, à l'expulsion, au droit d'asile.

Nous avons participé aux débats de la Commission des droits de l'homme, en qualité d'observateurs. Un des membres de la Division de protection a eu l'occasion d'intervenir à plusieurs reprises au cours des débats. Nous avons été heureux de constater que la plupart des propositions contenues dans notre mémorandum ont été adoptées par la Commission des droits de l'homme. En ce qui concerne le droit d'asile, il convient de signaler que la Commission adopta en outre une résolution aux termes de laquelle il devra être décidé ultérieurement si la question du droit d'asile à accorder aux réfugiés fuyant la persécution devra être incorporée dans la convention sur les droits de l'homme ou dans une convention spéciale.

Par la suite, la troisième session de la Commission des droits de l'homme et l'Assemblée générale des Nations Unies ont modifié certaines des clauses précédemment adoptées. Toutefois, les points suivants ont été retenus :

(I)   Droit à l'émigration.

(II)   Droit d'asile.

(III) Prohibition des expulsions arbitraires.

(IV) Droit de tout individu à une nationalité.

Sur notre proposition, la Commission des droits de l'homme adopta ensuite une résolution sur l'apatridie qui est importante en ce sens qu'elle a provoqué ultérieurement l'adoption, par le Conseil économique et social, de l'importante Résolution 116, résolution dont je vais vous parler et qui, vous le verrez, peut aboutir à des résultats favorables aux intérêts des réfugiés.

Je suis heureux de l'occasion qui m'est offerte de rendre un hommage à l'activité si compétente déployée en ce domaine, comme en bien d'autres, d'ailleurs, par mon collaborateur, le Dr Weis.

Protection internationale des apatrides

La résolution 116 adoptée par le Conseil économique et social à sa sixième session, en mars 1948, demande en substance au Secrétaire général des Nations Unies de présenter des propositions, d'une part, sur les mesures intérimaires de protection à accorder aux apatrides et, d'autre part, sur une éventuelle convention relative à l'apatridie.

La résolution N° 116 doit être interprétée comme suit :

(I)   Il convient d'étudier toutes mesures propres à éliminer l'apatridie : c'est la signification de la deuxième partie de la résolution. Il s'agit, vous vous en doutez, d'une œuvre de longue haleine dont les résultats ne se feront sentir que dans un avenir assez lointain.

(II)   En attendant, il convient de prendre toutes mesures propres à assurer la protection des apatrides : c'est la signification de la première partie de la résolution, et le sens qu'il faut donner à l'expression « mesures intérimaires ».

Sur la demande du Secrétaire général des Nations Unies, nous avons collaboré aux travaux impliqués par la résolution 116. Le résultat de cette collaboration se trouve incorporé dans un important rapport du Secrétaire général qui sera soumis prochainement au Conseil économique et social, rapport dont les conclusions peuvent, ainsi que je l'ai indiqué et si elles sont acceptées par le Conseil économique et social, apporter une contribution appréciable au problème de la protection durable des réfugiés apatrides de droit ou de fait.

Conventions de la Croix-Rouge

Le Comité international de la Croix-Rouge a bien voulu soumettre à notre examen les projets de conventions révisées ou nouvelles qu'il avait élaborés. Certains de nos amendements ont été acceptés et ont été incorporés aux projets. Ils avaient particulièrement trait à la protection des apatrides en temps de guerre.

Une conférence diplomatique pour l'adoption des Conventions de la Croix-Rouge a été convoquée par le Gouvernement suisse pour le 21 avril 1949 à Genève. Nous nous proposons de suivre les travaux de cette conférence.

Clauses standard de protection

Les accords conclus entre l'Organisation internationale pour les réfugiés et divers gouvernements ou autorités d'occupation contiennent des clauses de protection. Mais ces clauses gagneraient à être développées et précisées. Nous avons donc préparé des clauses standard de protection, précises et complètes, qui pourront être incorporées dans les accords que l'OIR signerait à l'avenir. D'autre part, nous proposerons aux services du Conseiller juridique de l'Organisation d'examiner la possibilité d'introduire, par l'insertion de ces clauses standard, des amendements à certains des accords précédents.

Les clauses en question ont trait, entre autres, aux points suivants :

(1) Reconnaissance des fonctions de protection juridique et politique de l'OIR ; services quasi consulaires.
(2) Expulsion.
(3) Non-discrimination.
(4) Naturalisation.
(5) Conditions d'emploi.
(6) Droit d'ester en justice, assistance judiciaire, exemption de la « cautio judicatum solvi ».
(7) Dispense de réciprocité.
(8) Statut personnel des réfugiés.

(9)   Sécurité sociale.

(10)   Régime fiscal.

(11)   Éducation et apprentissage profes-
       sionnel.

Action de la Division de Protection en matière de travailleurs migrants

La Division de Protection a participé activement aux travaux du Bureau international du travail en ce qui concerne le projet de convention concernant les travailleurs migrants, le projet de recommandation concernant les travailleurs migrants et le projet d'accord type de migration.

Je citerai certains des résultats que nous avons pu obtenir.

Dans le projet révisé de recommandation, nous avons pu faire introduire une clause tendant, dans le cas de réfugiés, à assimiler notre Organisation au gouvernement ou à l'autorité compétente d'un territoire d'émigration. D'autre part, nous avons obtenu l'insertion d'une clause aux termes de laquelle les travailleurs migrants relevant du mandat de l'OIR ne pourront pas être renvoyés du territoire d'émigration pour cause d'insuffisance de ressources ou par suite de l'état du marché du travail, sans que soit intervenu un accord préalable entre le Gouvernement du pays d'immigration et l'OIR. Nous avons, en outre, obtenu que les diplômes scolaires décernés à des migrants, non point dans le pays d'origine mais dans le pays d'émigration, soient reconnus par le pays d'immigration. Nous avons enfin obtenu l'insertion d'une clause aux termes de laquelle les migrants seraient autorisés à transférer leurs économies dans les pays d'émigration et non point seulement dans le pays d'origine.

En ce moment, deux représentants de la Division de Protection participent aux travaux de la troisième session du Comité permanent des migrations (13-27 janvier 1949). Des premiers rapports verbaux que j'ai reçus, il ressort que de nouveaux amendements soumis par nous, importants du point de vue des intérêts des réfugiés, ont été adoptés en ce qui concerne les projets susmentionnés de convention, de recommandation et d'accord type.

Il est à souligner que nos interventions sont loin d'avoir un caractère théorique. Les textes susdits seront en effet soumis à la prochaine Conférence internationale du Travail, qui se tiendra en juin 1949. Vous savez que ces textes une fois signés par les gouvernements membres de l'Organisation internationale du travail auront toute la portée qui s'attache aux conventions internationales établies sous les auspices du B.I.T. Elles auront pour résultat de faciliter l'émigration et par conséquent la réinstallation des réfugiés qui relèvent de notre mandat et qui forment la majorité des travailleurs migrants.

Action en matière de conventions et d'accords relatifs au statut des réfugiés

À cet égard, les objectifs envisagés par nous sont les suivants :

1. Enquête sur l'application des conventions et accords susdits dans les pays signataires ; interventions éventuelles auprès des gouvernements intéressés.

2. Généralisation de ces conventions et accords par les adhésions des pays non encore signataires.

3. Recommandation aux États intéressés d'éviter de prendre, à l'encontre des réfugiés apatrides de droit ou de fait, des mesures discriminatoires et d'améliorer la condition des réfugiés susdits en leur appliquant, par toutes mesures appropriées, un statut juridique inspiré des principes qui sont à la base des Conventions de 1933 et 1938.

4. Extension de la Convention de 1933 (ou de 1938) à de nouvelles catégories de réfugiés non encore bénéficiaires d'un statut juridique international. On peut à cet égard envisager trois solutions :

(I)   protocole additionnel étendant la convention de 1933 (ou de 1938) à de nouvelles catégories ;

(II)   convention nouvelle couvrant toutes les catégories de réfugiés, les anciennes (réfugiés dits « statutaires ») et les nouvelles ;

(III)   convention nouvelle couvrant seulement les nouvelles catégories.

Il semble que la troisième solution soit la meilleure. En conséquence, la Division de Protection se propose d'élaborer, dans un avenir proche et à toutes fins utiles, un avant-projet de convention qui s'appliquerait à tous les réfugiés, à l'exception toutefois des réfugiés bénéficiant des accords existants, accords qui assurent à ces derniers la jouissance d'un statut juridique. Ces accords représenteraient la « lex specialis », alors que la convention en question représenterait la « lex generalis ». En conséquence, si la première cessait de s'appliquer la seconde s'appliquerait encore.

Fonctions quasi consulaires

Tout étranger « normal » (et par ce terme, je désigne le ressortissant d'un État national vivant à l'étranger) a souvent recours à son consul ou encore aux autorités centrales du pays dont il est

ressortissant, pour obtenir les documents néces-
saires à l'accomplissement de certains actes de sa
vie civile, qu'il s'agisse de mariage, de contrats
commerciaux, de naturalisation, d'adoption, de
dispositions testamentaires, de successions, de
divorce, d'admission à des écoles ou à des
universités. Il s'adressera, par exemple, à son
consul pour obtenir un certificat de naissance ou
un document officiel attestant sa situation de
famille, ses qualifications professionnelles, etc.
Le réfugié, apatride de droit ou de fait ne peut
obtenir ces documents d'une autorité consulaire
ou des autorités métropolitaines de son pays
d'origine, car il n'est le ressortissant d'aucun
pays. Et pourtant, dans bien des pays de l'Europe
continentale, de tels documents officiels sont
indispensables. Il convient de suppléer, avec
l'accord du gouvernement intéressé, à l'absence
de consuls nationaux par des services quasi
consulaires qui seraient rendus par les délégués de
notre Organisation, dans les cas où la nécessité
s'en fait sentir et où il ne serait pas possible de
parer à la difficulté par d'autres moyens.

À cet égard, je signale que nous avons conclu
des accords avec le Brésil et le Danemark aux
termes desquels l'OIR exerce, sur les personnes
relevant de sa compétence, la même protection
qui est exercée par les consuls nationaux sur les
ressortissants.

Nous avons, d'autre part, signé avec la France un accord, daté du 13 janvier 1948, qui habilite le délégué de notre Organisation à exercer, en faveur de tous les réfugiés relevant de notre mandat, les fonctions quasi consulaires énoncées par l'arrangement du 30 juin 1928.

Situation des Juifs déchus de la nationalité allemande

La thèse que nous soutenons en l'espèce est que les personnes qui ont été déchues de leur nationalité allemande sous le régime nazi ne doivent pas être considérées comme ressortissants allemands et qu'elles n'ont pas été automatiquement réintégrées dans la nationalité allemande. C'est un sujet de satisfaction pour nous que de constater que notre thèse gagne du terrain. C'est ainsi qu'une loi a été récemment promulguée dans la zone américaine d'Allemagne, réglementant la procédure par laquelle les personnes en question peuvent réacquérir la nationalité allemande. Le Tribunal fédéral suisse a récemment reconnu la validité de ce principe.

Il est d'autre part à noter que divers tribunaux français ont récemment pris des jugements dans le même sens, alors que d'autres juridictions françaises, et notamment la Cour de cassation, avaient précédemment décidé en sens inverse.

Document de protection et d'identité

Les ressortissants d'un État, lorsqu'ils se trouvent à l'étranger, possèdent des documents prouvant qu'ils bénéficient de la protection des représentants diplomatiques et consulaires de leur pays. Nous avons estimé désirable que les réfugiés relevant de notre mandat soient mis en possession d'un document de protection. Nous avons donc pris des mesures en vue de la délivrance, dans un avenir assez rapproché, et sous réserve de l'accord des gouvernements intéressés, d'un titre de protection et d'identité à nos réfugiés.

Ce titre, qui serait sous forme de livret d'une vingtaine de pages, serait renouvelable tous les six mois. Il contiendrait, entre autres, une mention indiquant expressément que le titulaire est placé sous la protection de l'OIR.

L'utilité d'un tel document paraît évidente. Un État policé vit sous le signe de l'ordre et de la règle. Pour qu'il ne soit pas hors-la-loi, un individu doit être « étiqueté », doit pouvoir prouver son appartenance à une entité de droit public. C'est à cette condition seulement qu'il devient « normal » aux yeux de l'autorité, qu'il a en quelque sorte une « case » dans l'édifice social.

Le titre de protection et d'identité qui serait délivré au réfugié l'identifierait, aux yeux des autorités, comme le protégé d'un organisme officiel. Ce titre constituerait une forme permanente de protection, accompagnant l'individu, facilitant ses relations avec les autorités nationales. Il n'apparaîtrait plus, pour rappeler l'expression d'un éminent juriste, comme un bateau naviguant sans pavillon, comme une épave, comme un paria. Il serait, de manière visible, relié à une autorité publique protectrice.

Une des premières réactions que nous ayons reçues provient de la Délégation française qui vient de nous faire connaître qu'elle estime que la délivrance d'un document de protection sera utile et que le principe d'un tel document vient, au surplus, de recevoir l'approbation des autorités françaises.

On pourrait dire que le Certificat d'éligibilité que le réfugié possède est suffisant. Je ne le crois pas. Les autorités nationales, notamment les autorités subalternes, prendront davantage en considération un document indiquant nettement qu'il constitue un titre de protection. De plus, le document contiendrait une mention indiquant les gouvernements membres de l'OIR, ce qui ne pourrait qu'accentuer le caractère officiel du document. Enfin, le document mentionnerait que, en cas de difficultés, les autorités nationales (ou le réfugié) peuvent s'adresser au délégué de l'OIR dans le pays intéressé.

Droit de séjour

Des arrangements sont intervenus avec le gouvernement italien aux termes desquels sera régularisée la situation des réfugiés qui ne sont pas encore en possession d'un permis de séjour. Un document délivré par l'OIR et dûment contresigné par les autorités italiennes tiendra lieu de permis de séjour.

Dans le même ordre d'idées, à la suite de négociations intervenues entre l'OIR et le gouvernement belge, ce dernier a régularisé le séjour de certains groupes de réfugiés.

Juridiction des tribunaux allemands

À un certain moment, on avait envisagé, dans la zone britannique d'Allemagne, la possibilité du transfert, à des tribunaux allemands, de la juridiction criminelle sur les réfugiés et personnes déplacées. Nous avons soumis nos vues à ce sujet. Les autorités britanniques nous ont fait connaître que, si un changement était à nouveau envisagé, la possibilité nous serait donnée de faire toutes représentations préalables.

Police allemande

Les autorités compétentes de la zone américaine avaient envisagé d'accorder aux autorités de police allemandes le droit d'entrer dans les camps de l'OIR et d'y perquisitionner. Nous sommes intervenus et les résultats de notre intervention ont été satisfaisants.

Enfants non accompagnés

1. *Allemagne*. À notre requête, nos délégations dans les trois zones occidentales d'Allemagne viennent de proposer aux autorités compétentes :

    (I)   que les adoptions d'enfants relevant de notre mandat, et qui seraient intervenues sous le régime nazi, fassent l'objet d'un examen en vue de leur annulation éventuelle ;

    (II)   qu'au cours de cette procédure de révision, l'OIR soit consultée ;

    (III)   que l'OIR soit également consultée à l'occasion de toute procédure concernant des enfants non accompagnés et qui serait instituée devant des tribunaux allemands.

2. *Autriche*. En Autriche, nous nous sommes occupés de la même question. Nous avons reçu l'assurance du ministère de la Justice que l'OIR serait consultée à l'occasion de toute procédure non contentieuse concernant des enfants non accompagnés. Le ministère autrichien de l'Inté-

rieur a, de son côté, accepté ce principe de consultation en matière de naturalisation concernant des enfants relevant de notre mandat.

Statut d'occupation de l'Allemagne occidentale

Nous avons fait connaître aux Puissances occupantes nos desiderata. Ils peuvent être résumés comme suit :

(I)   Diverses questions importantes concernant les réfugiés devraient être réservées aux autorités alliées.

(II)   Les lois relatives à la naturalisation et aux étrangers, les questions relatives à l'extradition, à la restitution et à l'indemnisation devraient également être réservées aux autorités d'occupation.

(III)   Le futur Gouvernement allemand devrait reconnaître la Constitution de l'OIR et, en particulier, nos fonctions de protection juridique et politique.

(IV)   Le Gouvernement allemand devrait s'engager à appliquer les conventions relatives aux réfugiés et, en particulier, l'Accord de Londres sur les documents de voyage.

(V)   Le Gouvernement allemand devrait s'engager à ne pas prendre des mesures de discrimination contre les réfugiés et personnes déplacées.

(VI)   La juridiction criminelle sur des personnes relevant de notre mandat devrait être réservée aux tribunaux alliés pendant trois ans, étant entendu que, à l'expiration de cette période, toute personne relevant de notre mandat et traduite devant un tribunal allemand aurait le droit de demander que son cas soit déféré à des tribunaux alliés.

(VII)   Le Gouvernement allemand devrait accorder aux personnes relevant de notre mandat le traitement de la nation la plus favorisée, notamment en ce qui concerne l'accès au marché du travail.

(VIII)   Le Gouvernement allemand devrait s'engager à effectuer la restitution de tous biens spoliés et à indemniser les victimes de la persécution de tous dommages infligés par les nazis.

(IX)   Les Puissances alliées devraient contrôler la mise à exécution par le Gouvernement allemand des obliga-

tions contractées par ce dernier à
l'égard de l'OIR, en tranchant tous
différends pouvant survenir de ce
chef.

Naturalisation

Il est de notre devoir de nous attaquer à la
racine du mal qui, en ce qui concerne les réfugiés,
est l'apatridie. La guérison radicale ne peut
intervenir que par la naturalisation. Notre devoir
est, par conséquent, de faciliter au maximum la
naturalisation des réfugiés apatrides de droit ou
de fait. Pour cela deux méthodes peuvent être
employées concurremment.

La première méthode est constituée par les
diverses mesures de protection qui, en elles-
mêmes, facilitent l'absorption économique,
culturelle et morale du réfugié. Plus les conditions
de vie de ce dernier sont humaines et plus il
s'attache au pays d'accueil, plus il s'adapte, plus
il s'assimile et plus, par conséquent, il devient un
candidat « désirable » à la naturalisation.

La deuxième méthode est directe et rapide.
Elle consiste à tenter d'obtenir des gouvernements qu'ils accordent des facilités particulières
aux réfugiés en matière de naturalisation. Cette
méthode, théoriquement excellente, se heurte à de
grands obstacles. Vous savez, en effet, que les

gouvernements sont soucieux d'entourer la procédure de naturalisation de nombreuses garanties : délai de séjour propre à assurer que le candidat à la naturalisation s'est assimilé ; enquête sur les antécédents et le caractère du candidat ; âge du candidat, etc. À la 10ᵉ Assemblée de la S.D.N., en 1929, on proposa la naturalisation en masse des réfugiés. Les États refusèrent, comme il fallait s'y attendre.

Nous ne songerons pas à demander l'impossible. Ce que nous songeons à faire, c'est, sur la base de nos études sur la législation et la pratique dans divers pays, de proposer aux gouvernements intéressés d'envisager l'octroi de certaines facilités raisonnables.

Traité avec l'Autriche

Une Conférence quadripartite se réunira à Londres, dans le courant de février 1949, pour convenir des clauses du Traité avec l'Autriche. Nous sommes sur le point de soumettre aux gouvernements intéressés un mémoire contenant nos propositions, notamment sur les points suivants :

> (I)   statut de l'Organisation internationale pour les réfugiés ;
>
> (II)   statut des personnes relevant de notre mandat (questions relatives à l'expul-

sion, à l'extradition, à la réadmission
de personnes ayant eu autrefois leur
résidence habituelle en Autriche ;
clause de la nation la plus favorisée ;
question de la nationalité des
personnes déchues de la nationalité
d'origine par le régime nazi, adhésion
de l'Autriche à l'accord de 1946) ;

(III)   indemnisation, restitution, biens en
déshérence.

Titres de voyage

Les titres de voyage qui peuvent être délivrés à
des réfugiés relevant de notre mandat varient
suivant les pays. Le plus satisfaisant de ces titres
est sans aucun doute celui qui a été institué par
l'accord du 15 octobre 1946, et qui est commu-
nément appelé le titre de Londres ou encore le
titre de l'OIR. La Division de Protection a suivi
avec une particulière attention la mise en
application de cet accord. Je mentionnerai quelques aspects de notre activité à cet égard.

D'une part, nous avons fait et faisons tout
notre possible pour obtenir des gouvernements
signataires qu'ils appliquent rapidement les
clauses de l'accord, et qu'ils adoptent une
interprétation conforme à nos vœux, c'est-à-dire
une interprétation aussi libérale que possible.

D'autre part, nous sommes à plusieurs reprises intervenus auprès des trois gouvernements qui n'ont signé l'accord que « ad referendum », en vue de hâter la procédure de ratification. Enfin, nous nous efforçons de provoquer de nouvelles signatures de l'accord.

Les résultats sont encourageants. À l'heure actuelle, 18 gouvernements ont signé l'accord du 15 octobre 1946. 15 de ces gouvernements ont signé l'accord sans réserves, et 10 d'entre eux délivrent déjà le titre de voyage de l'OIR. Nous espérons que, sous peu, un onzième gouvernement délivrera le titre en question. Au nombre des 15 gouvernements qui ont signé sans réserves, il y a lieu d'ajouter de nombreux territoires coloniaux britanniques qui délivreront le titre OIR.

J'ai parlé tout à l'heure de trois gouvernements qui ont signé « ad referendum ». Nous savons que deux d'entre ces gouvernements s'occupent activement de la procédure de ratification.

Nous avons récemment discuté avec le Gouvernement italien (qui a déjà fait confectionner le titre de Londres, mais ne l'a pas encore délivré) de l'interprétation qu'il convient de donner à certaines clauses de l'accord du 15 octobre 1946. Il semble que nos négociations à ce sujet prennent une tournure favorable. Nous espérons que le Gouvernement italien pourra accepter notre interprétation des clauses en litige, ce qui comporterait d'appréciables avantages pour les porteurs du titre de voyage.

Je vous ai indiqué tout à l'heure que 18 gouvernements ont signé. Je dois ajouter que, en plus, 8 gouvernements qui n'ont pas signé l'accord (et qui, par conséquent, ne délivrent pas le titre OIR) se sont engagés à reconnaître ce titre.

Assistance juridique, obtention de documents civils

Mon exposé a été très long. Je me dispenserai de parler de ce point, car mon collaborateur, le Dr Weis, vous en entretiendra tout à l'heure. Je me bornerai à dire qu'il s'agit d'un point qui mérite toute l'attention des organisations bénévoles, qui, en l'espèce, pourraient apporter une collaboration très utile.

Je voudrais, avant de terminer, vous signaler quelques mesures, d'ordre administratif, que nous avons adoptées ou que nous envisageons en vue d'accentuer l'efficacité de nos travaux.

(I)   Nous avons l'intention de publier prochainement un « Bulletin de la Protection » qui serait destiné à nos délégations et à celles des organisations bénévoles qui s'intéressent aux questions de protection. Il comporterait des informations qui seraient trop détaillées ou trop techniques pour être insérées dans le Bulletin d'Information général, qui est destiné à un public assez vaste et auquel les questions de protection peuvent n'être pas toujours familières.

(II) Nous avons envoyé récemment un questionnaire très détaillé à toutes nos délégations. Le but de ce questionnaire est de nous fournir une vue complète et précise des divers problèmes de protection dans les divers pays. Il vise, d'autre part, à obtenir les propositions de nos délégués sur les diverses formes d'action à entreprendre en matière de protection. Il vise enfin à connaître les desiderata exprimés par les organisations bénévoles, par les comités nationaux et, d'une manière générale, par les milieux de réfugiés.

(III) La Division de Protection s'est récemment accrue d'un certain nombre de fonctionnaires. Cela nous permettra d'envoyer plus souvent des représentants de la Division dans les divers pays en mission d'inspection. Nous sommes persuadés que cette politique de contacts fréquents aura de bons résultats.

(IV) L'accroissement de notre personnel nous permettra aussi de faire ce que nous ne pouvions faire précédemment, à savoir de réunir à Genève, pour des conférences périodiques, les conseillers juridiques et les fonctionnaires chargés, dans les diverses délégations, des questions de protection.

(V) Nous envisageons la possibilité de convoquer une Conférence de la Protection, à laquelle participeraient non seulement les conseillers juridiques et fonctionnaires dont je viens de parler, mais encore les représentants de celles des organisations bénévoles qui portent un intérêt particulier aux problèmes de protection ainsi que des représentants des milieux de réfugiés. Une telle conférence de la protection pourrait aboutir à la création d'un Comité consultatif de Protection.

J'ai esquissé à votre intention quelques-uns de nos objectifs. Il ne m'aurait pas été possible, sans dépasser les cadres de ce qui n'est qu'une introduction à nos débats, de vous donner une liste complète. C'est ainsi que j'ai volontairement laissé de côté bien des questions importantes et que, pour la plupart des problèmes mentionnés, je ne vous ai donné qu'une idée volontairement fragmentaire des démarches entreprises par nous.

Le peu que je vous ai dit, par rapport à la masse et à la diversité de nos travaux, vous aura suffi pour comprendre que ceux-ci peuvent se résumer en quelques mots : rapprocher au maximum la condition du réfugié, étranger « anormal », de la condition de l'étranger « nomal », c'est-à-dire de l'étranger qui bénéficie de la protection de son gouvernement.

En jugeant ce que nous avons fait, je vous demande de ne pas oublier les difficultés de notre tâche. D'une part, en effet, nous ne sommes pas un gouvernement, et notre action dépend toujours de la collaboration et de la bonne volonté des gouvernements. D'autre part, nous sommes une organisation temporaire et cela n'est pas fait pour faciliter notre tâche. Enfin, bien que, grâce à la bienveillante compréhension de la Direction générale, qui porte un vif intérêt à la protection des réfugiés, le personnel de la Division de Protection ait été récemment augmenté de manière très appréciable, eu égard surtout aux impératifs budgétaires, on ne peut pas dire qu'il soit tout à fait proportionné au nombre, à la diversité et à la complexité des problèmes que nous avons à résoudre. La Division de Protection dispose en effet d'une dizaine de fonctionnaires responsables auxquels s'ajoutent 7 ou 8 secrétaires. À cet égard, je rappellerai que, au ministère des Affaires étrangères d'un pays européen, 125 fonctionnaires, si nous sommes bien renseignés, s'occupent de la protection de 200 000 nationaux résidant à l'étranger. Je rappellerai en outre que nos protégés sont au nombre de 1 500 000 au minimum. Je rappellerai enfin que les problèmes qui assaillent nos « quasi-ressortissants » sont plus complexes, plus nombreux et plus difficiles à résoudre que les problèmes qui peuvent confronter ceux que j'ai appelé tout à l'heure des « étrangers normaux ».

Je ne voudrais pas que ce que je viens de dire donne lieu à des malentendus. Loin de moi la pensée que la Division de Protection ne dispose pas du nombre approprié de collaborateurs. Au contraire, depuis la récente augmentation de son personnel, elle est devenue une de nos plus « grosses » divisions. À cet égard, comme je l'ai indiqué tout à l'heure, un traitement très bienveillant, si l'on tient compte de la structure générale de l'Administration centrale, a été réservé par la Direction générale aux activités de protection. Tout ce que j'ai voulu dire, c'est que nous ne disposons pas – et il ne peut en être autrement – de tous les moyens techniques dont peuvent disposer les gouvernements.

J'approche de la fin de mon exposé. Je voudrais cependant ajouter ceci. Notre action porte sur deux plans : le plan des problèmes qui peuvent être résolus au cours d'une période relativement courte, d'une part, et le plan de la « protection permanente » ou de la « protection durable », d'autre part. Je vous donnerai quelques exemples de la « protection permanente » : action de « follow-up » concernant l'application des conventions et accords, représentations auprès des gouvernements au sujet de telle mesure législative ou de telle pratique administrative, délivrance d'un document de protection, services quasi consulaires, l'existence même d'un organisme officiel de protection qui relie le réfugié à une entité de droit public, en supprime ou en atténue le caractère de « hors-la-loi ». Bref, je songe à toutes les formes d'intervention (en quelque sorte quotidiennes et imprévisibles, parce que fonction de l'évolution des circonstances) qui constituent pour le réfugié un substitut de la protection gouvernementale permanente dont il est dépourvu. Cette protection durable d'un organisme international est indispensable aussi longtemps que dure, sous ses diverses formes, la « capitis deminutio », due elle-même à l'apatridie, du réfugié.

Un dernier mot : je voudrais mentionner que si, sur divers points, notre action a abouti à des résultats favorables, nous le devons en grande partie aux initiatives ou à l'efficace coopération de nos divers délégués et de leurs collaborateurs en matière de protection. Nous tenons à les assurer de notre très vive gratitude.

TABLE

Ce volume,
publié aux Éditions Les Belles Lettres,
a été achevé d'imprimer
en septembre 2002
dans les ateliers
de Normandie Roto Impression s.a.s.,
61250 Lonrai

N° d'éditeur : 4095 – N° d'imprimeur : 022051
Dépôt légal : septembre 2002

Imprimé en France